창업의 정석

창업의 정석

윤성준
배준수

지음

BIBLE OF START-UP

누구나 할 수 있으나
아무나 성공할 수 없는 창업의 비밀

수학의 기초와 초석은 홍성대의 『수학의 정석』이 대표된다면,
창업의 기초와 초석은 윤성준의 『창업의 정석』이 대표된다.

바른북스

추천사

다양한 창업지원 경험을 가지고 계시고, 현재는 기업의 연구소장 겸 부사장으로 기술창업자를 위한 교육컨설팅 및 현장에서 활발한 활동을 하고 계시는 저자의 노하우가 고스란히 남겨진 책이다. 고객 니즈, 고객 중심과 기술창업 중심의 접점에서 창업자가 좋은 사업 비즈니스를 잡을 수 있도록 가이드를 만든 책으로 그 자체로도 의미가 크다.

전북대학교 창업지원단장 교수 권대규

수학에 '홍성대의『수학의 정석』-I, II'가 있다면 창업에는 『창업의 정석』, 바로 이 책이 예비창업자나 창업 초기 대표들에게 반드시 읽혀져야만 하는 책이라 할 수 있겠다.

무엇보다도 이해하기 쉽게 사례들 위주로 표현해 줬다는 점에서 타

창업 관련 책들에 비해 접근성에서 충분히 높은 공감대를 형성시켰다는 점에서 적극 추천을 한다.

익산청년시청 주무관 김경민

금융기관이라는 곳이 갖춰져 있지 않은 곳에 쉽게 대출을 해주거나 투자를 해주는 일은 불가능하다고 생각하면 맞다. 하지만, 이 책에서와 같이 창업자들이 전문성 있게 준비하고 추진해 나간다면 어느 금융기관에서 문전박대를 하겠는가? 오히려 환영해야 할 일이라 할 만큼 창업자들이 반드시 읽어야 할 필독서라 생각한다.

우리은행 김제지점 지점장 나윤경

요즘 젊은이들은 창업을 두려워하며 쉽게 돈을 만질 수 있는 코인이나 한탕주의로 흐르는 경향이 있지만 기술을 개발하여 큰 꿈을 갖고 막상 창업을 하려고 해도 너무나 어려운 환경에서 칠흑 같은 어두운 앞날에 방향을 잡지 못하는 새내기 창업자들이 많다. 그들에게 희망과 자신감을 갖고 도전할 수 있도록 하는 지침서라 할 수 있을 정도로 매우 유익한 책이고, 이 책에서 지침하는 대로 따른다면 반드시 성공할 것이라 확신할 수 있는 귀한 책이다.

㈜NJ이노베이션 대표이사 김락현

창업에만 국한되는 것이 아니라 이 시대에 사업을 영위하고 있는 모든 대표들에게 필요한 필독서라 생각된다.

준비되지 않은 열 처녀가 되지 말고 준비된 열 처녀처럼 모든 일에 준비성이 투철하다면 기쁨으로 주인을 반가이 맞이할 수 있는 것처럼, 성공이라는 열매도 반드시 철저하게 준비된 자에게 주어지는 선물일 것이라 생각한다.

전남개발공사 파트너사 태원 대표 권동하

10년 전에 이 책을 만났더라면 쓰디쓴 창업 실패의 아픔을 겪지 않아도 되었을 것이라는 안타까움도 있지만, 이제라도 출간되어 창업을 준비하는 사람들에게 매우 유익한 지침서가 되어줄 수 있다는 점에서 감사함을 느낀다. 아픔을 기쁨으로 승화시키고자 한다면 반드시 이 책을 구독하여 필독해 보라고 추천한다.

㈜첫눈 대표이사 박남주

창업 후 벌써 8년을 맞고 있는 기업체 대표로서 왜 이런 책이 이제 나와서 지금까지 8년간 나침반 없이 항해하는 돛단배처럼 떠돌아다니게 하였는지 원망스럽다. 왜 내가 무엇을 잘못했었는지 되짚어 보면서 앞으로 어떻게 해야 할지를 알게 하는 정말 좋은 책이라 생각한다. 늦었지만, 그래도 다시금 올바르게 시작할 수 있게 해줘서 너무 감사하다.

㈜퀸테스 대표이사 구창영

2022년 늦깎이 나이에 서울벤처대학원대학교에서 창업과 관련된 논문을 쓰고 이 분야에서 박사학위를 받게 되었다. 창업은 절대 쉽지 않은 길이고 성공보다는 어쩌면 실패를 염두에 두고 가야만 하는, 감히 간이 배 밖으로 나오지 않은 사람이라면 도전하면 안 되는 길이라고 말할 수 있을 정도다. 그게 바로 창업이다. 실패할 줄 알면서도 라텔이라는 벌꿀오소리의 오기와 끈기, 저돌성의 정신을 창업정신에 빗대어 창업에 대한 자신감과 두려움을 극복하게 했다는 점에서 큰 공감을 얻었고, 만약 대한민국이 창업에 대한 붐이 이대로 계속되어진다면 반드시 이 책이 지침서로서의 역할을 할 수 있을 것이라 감히 단언해 본다.

기업은행 당산동지점 지점장 김기중

돈과 인생 이야기로, 박현주 미래에셋 회장이 돈은 아름다운 꽃이라 했다. 어떤 길을 가느냐에 따라 인생은 완전히 달라진다. 당신이 원하는 것을 알고 그 길을 갈 때 성공에 이르며 그 길의 시작은 『창업의 정석』으로 당신의 미래를 준비하는 것이다. 한순간의 번뜩이는 지혜가 비즈니스 찬스를 부른다. 이 책의 많은 사건들을 통해 독창적인 비즈니스의 탄생과 창업으로 성공의 길을 걷게 될 것이다.

한국산업중점대학 교수 김정훈

사람이 건강에 이상 신호가 오면 반드시 전문의에 의해 처방을 받아야 한다. 하지만, 사업에 이상 신호가 온다면 누구한테 정확하게 처방을 받고 대책을 세워서 위기를 극복할 수 있을까 생각을 해보았다. 쉽지 않은 일이다. 이 책은 건강 이상 신호가 오기 전에 미리 예방하라는 것과 같다. 미리 대비하여 이상 신호가 오기 전에 철저하게 예방을 해야 한다는 내용들로 구성이 되어 있는 것 같아서 좋다. 안

아프고 100세를 누릴 수 있다면 얼마나 좋겠는가, 이렇듯 사업도 미리 예방할 수 있다면 100세, 1,000세를 누릴 수 있을 것이라 생각된다. 이 책이 주는 효과가 이렇게 크다고 할 수 있겠다.

새만금 스마트팜 클러스터 사업단 협력단 대표 김완철

책을 내면서

'『창업경영 컨설팅 현장사례 : 누구나 할 수 있으나 아무나 성공할 수 없는 창업의 비밀』' 1권을 처음 출간했을 때의 그 첫 느낌은 지금도 잊을 수가 없습니다. 새로운 생명체 하나를 세상에 태어나게 한 신비의 순간을 본 것 같은 그런 느낌이었다 해도 과언이 아닐 것이, 53세 될 때까지 머릿속에만 담아두었지 실제 이렇게 책을 펴내어 독자들에게 읽히게 한다는 것 자체가 너무도 먼 남의 이야기처럼 들렸었으니 당연한 느낌이었습니다. 하지만, 벌써 두 번째 책을 출간하게 되었고, 훨씬 성숙된 작가로서의 모습으로 집필한 것 같아 이 또한 감회가 새롭다 함을 느낄 수 있었습니다.

이번 2권은 독자들이 훨씬 이해하기 쉽도록 내용을 알차게 꾸몄고, 사례 위주로 작업을 해보았습니다. 2권을 확장판 형태로 1권보다 많은 부분에서 깊이 있게 다루어 독자들에게 선보이게 된 이유는 1권의 경우는 출판할 때 개요 같은 내용 위주로 작성이 되어 출판되다 보니 실제 독자들에게 필요한 정보나 전달하고자 하는 내용 등에서 많이 부족한 것 같아 실질적인 도움이 크게 되지 못하겠다는 생각으로 2권에서 보다 많은 내용으로 깊이 있게 다루어, 창업을 준비하고 있는 예비창업자나 창업하여 사업을 영위하고 있는 창업자들에게 실제적 도움을 주고자 확장판 개념의 2권을 출간하게 되었습니다.

창업은 크나큰 책임이 뒤따르는, 누구나 시작할 수 있으나 아무나 성공할 수 없는 대사(大事)이기에 신중하고도 철저한 준비 속에서 추진되어야 한다는 것을 강조하면서 책을 집필하였습니다. 또한, 할 수만 있다면 예비창업자나 창업자들 개개인들을 찾아가서 깨우치고 또 깨우쳐 죽을힘을 다해 포기하지 말고 전진해야 하는 라렐(벌꿀오소리)의 정신을 근간으로 자신이 침투할 시장에 대한 냉정하고도 철저한 조사와 진입전략의 수립, 그리고 경쟁기술 비교 등을 통해 부족한 모든 것들을 체크리스트로 만들어 반드시 각 분야별 전문가의 조력을 받아야만 한다고 귀가 따갑도록 얘기해 주고 싶은 마음으로 이 책을 집필하였습니다.

이 책에 나와 있는 내용들은 창업을 준비하고 있거나 창업 3년 전의 사업자들이라고 한다면 정말 피부에 와닿는 100% 공감될 만한 내용으로 구성이 되어 있고, 7장 창업의 실패와 성공사례는 실제 있었던 사례들 위주로 작성을 하여 간접경험을 통해 자신의 현재의 처지를 반성해 볼 수 있도록 하였습니다.

필자는 가끔 이런 말을 하곤 합니다.

어떻게 서울 인구 수준밖에 안 되는 이스라엘이, 그것도 광복절이 8월 15일로 같고, 뛰어난 두뇌를 가졌다는 것도 너무 비슷한 나라인데, 처해 있는 지리적 환경은 우리나라가 월등히 좋다고 할 수 있음에도 불구하고 세계적인 과학자("칼럼-노벨 수상자의 30%가 유대인인 이유". 2019.7.2. 경남도민신문.), 뛰어난 세계적인 사업가("軍이 창업 요람, 나스닥 상장된 이스라엘 기업, 유럽보다 많다". 2021.11.16. 조선일보.)들은 왜 우리가 한참을 뒤져 있어야 하는지를 대한민국 국민의 한 사람으로서 안타까움을 느끼지 않을 수 없었습니다.

대한민국은 '조금만 변한다면 세계에서 가장 두려운 나라'라고 할 수 있을 정도로 우리의 두뇌는 신이 선택해서 내려준 특별한 선물을 받은 그런 민족이라 자부심이 큰 반면 세계 무대를 놓고 비교해 보면 많은 부분에서 아쉬움이 토로되는 건 어쩔 수 없는 현실이라 이 또한 안타까운 일이라 생각합니다.

이스라엘과 대한민국은 참 많은 부분에서 비슷하지만 뿌리에서 큰 차이가 나는 것 같습니다. 그 뿌리라는 것이 바로 창업문화라 정의하고 싶고, 그 창업에 대한 국가 정책이 바로 서고, 바로 전개된다면 우리나라는 분명히 세계에서 가장 두려워할 민족으로 성장할 것이라 확신합니다.

주간조선(weekly.chosun.com/news/articleView.html?idxno=8935) 2015.09.04.자 "노벨상 왕국'으로 만든 이스라엘의 교육'이라는 제목으로 실린 신문보도 내용을 보면 '교육문화, 기업문화가 오늘날 이스라엘을 세계적인 창업국가로 만들었고 특히 이스라엘을 노벨상 왕국으로 만들었다'라는 기사가 있습니다. 굳이 장황하게 설명하지 않아도 될 것 같습니다.

　이 책이 바로 이런 안타까운 부분들을 직간접적 내용으로 강력한 메시지를 전달하는 역할을 했으면 하는 마음과 독자들로 하여금 이러한 우리의 창업문화의 현주소를 깨우치게 함으로써 언젠가는 우리도 우리나라만의 창업문화의 바로 세움이 계몽하듯 일어나 세계를 놀라게 할 것이라 또한 확신합니다.

　이 책이 바라고 실제 전달하고자 하는 메시지의 내용이 무엇인지는 독자분들께서 충분히 정독으로 읽어보시면서 많이 느끼고 깨우쳐서 올바른 창업문화를 바로 세워나가는 데 동참하고 선두역할을 해주었으면 하는 바람으로 썼으니 많은 구독과 함께 많은 감동이 전달될 수 있기를 희망합니다.

　이 책에서 사용된 모든 그림은 '언드로 (https://undraw.co/illustrations)'라는 사이트를 통해서 무료로 이용할 수 있도록 허락되어 있어 출처만 확인하고 일부 책 내용과 부합되게 편집되었음도 말씀드립니다.

　감사합니다.

2023.07.26

대표저자 윤성준

목차

BIBLE OF START-UP   _ ▢ ✕

CHAPTER 5.
창업, 이스라엘을 배우자

BIBLE OF START-UP   _ ▢ ✕

CHAPTER 6.
창업 활성화를 위해 정부에 바란다

BIBLE OF START-UP   _ □

CHAPTER 7.
부록 : 창업의 실패와 성공의 실제 사례

CHAPTER

1

창업을 위한
필수 덕목,
인격수양과
라텔정신

🎙 | 01

창업을 하려거든
인격부터 수양하라

하나의 기업이 태어나서 성장하고 과도기를 겪으면서 성숙하고 결국에 성공의 반열에 오르는 안착(安着) 시점에 도달하기까지 얼마나 많은 시련과 고통을 견디어 거기까지 도달했겠는지에 대해 겪어보지 않은 사람은 절대로 알 수도 없고, 감히 공감조차도 할 수 없을 것이라 감히 단언해 본다. 성공의 반열에 오르기까지 기업가가 가지고 있어야 할 덕목 중 필자가 중요하게 생각하고 있는 덕목이 바로 '정도경영', 요즘 트렌드로 바꾸어 말하면 'ESG 경영'이라고 할 수 있겠다.

곧지 않으면 반드시 휘어지고, 올바르지 않으면 반드시 문제가 발생하는 것이 세상 이치이듯 사업 또한 정도의 길을 가지 않으면 절대로 성공의 반열에 오를 수 없다는 것이 정답이고, 감히 그렇게 단언하고 있는 것이다.

해외투자가들이 국내 기업들에게 투자를 하고자 할 때 가장 우선시 하는 항목이 ESG 경영인증서의 보유 여부일 정도로 기업들이 경영의 밑바닥에 가장 탄탄하게 깔아놓아야 하는 것이 바로 정도경영, 지속가능경영, 즉 ESG 경영시스템의 구축일 것이다.

　필자가 아주 오래전에 시립대학교 경영대학원 석사과정에 입학하기 위해 면접을 보는데, 면접 담당 교수님이 뉴욕타임스 영자신문을 보여주며, 헤드라인을 보고 전체적인 줄거리를 간략히 설명해 보라는 것이었다. 그 헤드라인에 굵은 글씨체(Bold)로 'Labor Strike'라고 쓰여 있었다. 즉, 해외 투자자들이 국내 기업들에게 투자하기 꺼리는 첫 번째 이유가 바로 파업(노사분규)이라는 것이었다. 하지만, 작금의 투자 트렌드는 노사분규, 즉 파업(Labor Strike)의 History보다는 경영자의 정도경영, 지속가능경영 등 ESG 경영에 대해 우선하여 검토되고 있다는 점에 주목할 필요가 있다.

출처 https://undraw.co/illustrations

이 이미지는 언드로 사이트에서 무료로 제공해 준 이미지이고, 필자가 본문의 이해를 돕기 위해 직접 편집한 것임

A라는 기업이 나름은 동종업계 10% 내에 위치하고 있어 성공했다고 자부하는데, 창업자의 건강 문제나 나이가 많아 계속 경영에 한계를 느낀 나머지 제2의 전문 경영인을 구한다는 요청을 받은 적이 있었다. 이때 가장 중요하게 요구하고 간절하게 부탁하는 자격 요건이 바로 인성이었다. 즉, 인격수양이 잘되어 있는 사람이어야 한다는 것이 첫 번째 조건이었고, 그 외 뛰어난 기술이나 전문 지식을 가진 자라는 조건은 두 번째 조건이었다.

아무리 학벌이 좋고, 기술도 뛰어나다고 한들, 그리고, 다른 사람들이 부러워하고 우러러볼 정도의 Spec을 가지고 있다고 한들 결국에 두 번째 조건에 앞서서 선택받을 수 없는 이유는 그만큼 인성(인격수양)에 대한 사회적 측면과 기업 측면에서의 요구가 필요충분조건이고, 무엇보다 중요하게 다뤄지고 있다는 것을 잘 알 수 있게 한 예라고 볼 수 있겠다.

하지만, 신(神)이 아닌 이상 어떻게 사람의 중심을 정확히 꿰뚫어 볼 수 있겠는가? 하여 필자는 다음과 같은 시스템을 통해 옥석을 가려보는 것도 좋을 것 같다는 생각을 해보았다.

인력 Pool 사이트와 전략적인 제휴를 통해 각 등록되어 있는 회원들 중 1차로, 현재 사업을 영위하고 있는 CEO 그룹과 2차로, 향후 전문 경영인으로 추대받기를 희망하는 그룹으로 분류한다. 이 두 그룹 안에 등록되어 있는 인력들에 대해서는 과거에 함께 생활했던 직장 동료들, 모셨던 상사(임원)들, 사장들로부터의 인성 평점(가칭 : Humanity ESG)을 점수로 평가하여 가장 높은 점수의 인력들 위주로 최우선 취직 또는 스카우트(Scout) 될 수 있도록 운영한다면 나름 검증된 인성을 가진 전문가를 쉽고, 빠르게, 그리고 신뢰성을 가지고 영입할 수 있지 않을까 하는 생각을 해본다. 그만큼 인성은 우리 사회 전반에서 최우선으로 중요하게 요구되고 있는 덕목이다. 더욱이 창업을 준비하고 있는 사람들이라면 가장 먼저 스스로에게 물어봐야 할 필요충분조건의 덕목이기도 하다.

이 시스템은 필자로부터 조력을 받고 있는 Y라는 스타트업 회사에서 사업화를 위해 BM특허출원 중에 있고, 현재 탄탄히 개발하고 있으며 조만간 서비스 준비를 하고 있다고 하니 나름 기대가 되기도 한다. 새로운 ESG 경영평가 플랫폼이 세상에 어떻게 환대받으며 성장해 나갈 것인가에 대해서는 염려가 먼저 되는 것은 사실이지만 그 취지와 목적, 그리고 내용은 꽤 인정할 만하다는 것이 지금의 사회 분위기, 투자의 분위기들이 모두 ESG의 중요성을 가장 크게 요구하고 있기 때문이 아닐까 생각한다.

 기업 투자 평가표 / 스카우트 순위 기업 평가표의 例

구분	부채비율	유동비율	ROI	ESG
평가점수(1)	90	90	90	90
가중치(2)	1	1	1	5
계[(1)x(2)]	90	90	90	450

- 계 = 평가점수 × 가중치로 계산(가중치는 1~5까지)
- 다른 항목에서 점수가 높다 하더라도 ESG에서 점수가 낮으면 실제 이 기업의 경우는 투자에 대한 가치평가가 매우 낮다고 판단할 수밖에 없다. ESG 점수가 다른 항목과 동일한 점수를 받는다면 가중치에 의해 가치가 크게 올라간다는 것을 알 수 있다.

  앞으로는 모든 기업들에 대해 ESG 경영에 대해 가장 중요항목으로 평가가 되어야 하겠고, 그 위에 경영현황(영업실적)에 대한 평가가 되어야 한다는 게 개인적인 생각이다.

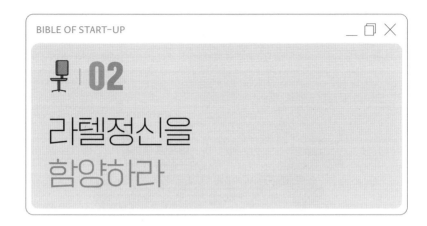

02

라텔정신을 함양하라

창업이라는 것은 90도의 절벽에 겨우 매듭 몇 개만이 유일한 희망이라 할 수 있는 밧줄 하나 매달려 있는데 그 밧줄을 잡고 몇 개 안 되는 매듭에 의존해서 그 절벽을 오르는 것과 같다. 두려워하거나 혹시 떨어지면 어떻게 하나 하는 부정적인 생각, 시작하는 것조차도 엄두도 못 내는 자신감 결여, 오기나 깡이 없다고 한다면 당신은 결코 그 밧줄을 잡아서도 안 되고 잡는다는 것은 그 자체가 이미 실패를 전제하고 오르는 것과 같다. 충분히 잘 훈련된 사람들만이 겨우 오를 수 있는 그런 절벽을 창업자들은 무모함에 도전하여 끝내 오르고 또 올라서 정상에 다다르고야 마는 소수의 사람들에게만 허락한 선물이다.

라텔은 우리말로 벌꿀오소리라고 한다. 벌꿀오소리는 수많은 꿀벌의 공격에도 아랑곳하지 않고 기어이 꿀을 먹고 마는 오기와 깡, 그리고 무모함의 아이콘이라 할 수 있다.

벌꿀오소리가 왜 창업자들과 관련이 있는지 그 성향을 알면 충분히 공감할 수 있을 것이다. 「나무위키(https://namu.wiki)」에서 벌꿀오소리에 대해 소개한 내용을 간추려서 소개한다.

족제비과답게 울버린과 함께 체급대비 근력이 포유류 중 가장 뛰어나다. 이는 근섬유가 모두 속근으로 이루어졌기 때문. 그렇기 때문에 고양이과보다도 압도적으로 좋은 순발력, 민첩성과 근력으로 자기보다 몇 배는 더 나가는 동물을 잡아 죽인다. 이러한 압도적인 신체능력과 매우 호전적이고 겁 없는 성질로 인해 아프리카에서 악명이 자자하다. 또한 족제비과 특유의 전투방식으로 인해 전투력이 상당하다. 비슷한 크기인 고양이과 서벌이나 카라칼은 물론이고, 그것보다 더 큰 개체도 이 벌꿀오소리를 이기는 것은 불가능하다. 동체급에선 적수가 없다고 보는 것이 타당하다.

몸길이 약 60cm, 꼬리 길이 약 19cm 정도. 아프리카 기준으로 수컷은 평균적으로 몸무게 9~16kg, 암컷은 5~10kg 나간다. 족제비과 동물 아니랄까 봐 덩치가 작고 귀여워 보이는 외형과 달리 매우 호전적이며, <u>난폭한 것도 모자라 겁도 없어서 자기보다 더 큰 하이에나, 사자 등등에게도 마구잡이로 덤비기 때문에 기네스북에 세상에서 제일 겁 없는 동물로 선정되어 있을 정도이다.</u> 거기에 오소리답게 지능도 상당히 높은 편이라 스스로 잠금장치를 풀어버리거나 쓰레받기, 타이어, 대걸레 등 온갖 물건을 이용해 탈출하는 바람에 보호소 등에서 애를 엄청 먹는다고 한다.

1차 세계 대전 당시 미국의 에이스 전투기 조종사로 하늘에서 26번의 승리를 거두었던 전설적인 전투기 조종사, **에디리켄베커**의 명언을 벌꿀오소리에 빗대어 소개해 본다.

"용기란 두려워 하는 것을 하는 것이다."라고 했다. 라텔이 어찌 사자와 하이에나가 두렵지 않았겠는가? 하지만, 그 두려움을 이겨내는 것이 진정한 용기라 하였듯이 그렇게 함으로써 26번의 승리를 쟁취한 것처럼 우리 창업자들의 정신무장도 이 정도는 되어야 한다고 말하고 싶은 것이다.

창업자들은 바로 이 라텔, 벌꿀오소리 정신을 함양해야 한다. 동물의 왕국을 가끔 보는데, 가장 인상적인 것은 벌꿀오소리가 암사자 네

마리에 둘러싸여 무모하기 짝이 없다 싶을 정도로 물러서지 않고 싸우는 걸 보게 된다. 창업은 그런 것이다.

라텔의 특징 중 이런 내용을 볼 수 있다. '독사에 물려 정신 잃고 쓰러져 죽은 줄 알았는데 다시 살아나 몸통 뜯어 먹는 벌꿀오소리'라는 내용이다. 독사에 물려 정신을 잃었다는 것은 창업자가 창업 이후 예상치 못한 시련에 닥쳤을 때라고 가정해 볼 수 있다. 라텔은 독사의 독에 감염되는 시련을 딛고 일어서서 결국에 독사의 머리통을 물어뜯어 죽이고 몸통을 뜯어 먹어 스스로 위기를 극복하는 것을 볼 수 있었다. 이렇듯 우리 창업자들도 예상치 못한 시련에 닥쳤을지라도 기어이 극복하고 승리해야 한다는 것이다.

잘 분석된 Market Report나 철저하게 통계나 예측된 자료를 근거하여 창업만 하면 무조건 성공할 수 있을 것 같다는 생각에 일단은 시작부터 해본다는 정신을 라텔정신이라고 정의하고 싶지는 않다. 시작은 하였지만 몇 개 안 되는 마디에 의지해서 수도 없이 포기하고 싶을 정도의 힘듦과 역경, 시련 등을 기어이 이겨내고 정상에 오르고야 마는 그런 정신을 라텔정신이라 할 수 있겠다.

이것이 필자가 얘기하고 싶은 바로 라텔정신이고, 창업을 준비하는 사람들이나 창업자들은 이러한 라텔정신을 꼭 함양해야만 한다고 말하고 싶다.

CHAPTER

2

창업가의
자질과
능력

01

창업을 위한 자질과 자격을
충분히 갖추고 있는가

박주관 박사님이 쓴『사업타당성분석과 사업계획서 작성』이라는 책을 보게 되면 창업하고자 하는 사람들에게 당신은 진정 창업을 위해 얼마나 준비가 잘되어 있으며 창업을 해도 되겠는지에 대한 평가 항목들이 아주 잘 기록되어 있다. 아래의 내용은 박주관 박사님이 쓴 『사업타당성분석과 사업계획서 작성』이라는 책에 나와 있는 평가 항목의 예(例)이다.

첫 번째, 적성과 자질(선천적 능력)에서, ①모험심, ②가능성에 대한 집념, ③스케일, ④리더십, ⑤의지력, ⑥기업가적 소질에 대해 체크를 하게 되어 있다.

두 번째, 경험 및 지식(후천적 능력)에 관한 질문이다.

①창업 관련 분야에서의 경험, ②창업자 능력, ③교제 인물의 폭과 깊이, ④창업환경을 둘러싸고 있는 인간관계

세 번째, 업무수행 능력(경영능력)에 관한 질문이다.

①가정유지 능력, ②창업 멤버의 구성 및 통제 능력, ③서비스 및 기술혁신 능력, ④경영·경제적 환경적응 능력 및 경영분석, 판단 능력

이상 총 14개 질문에 대해 아주 냉정한 자기평가에 의해 창업을 함에 있어 충분한 요건을 갖추었는지를 객관적으로 평가할 수 있도록 작성되어있다. 14개 항목들 모두 중요한 체크항목이라 할 수 있겠지만 그중에 가장 중요한 항목을 다섯 가지 정도로 나열해 보라고 한다면, 필자는 다음과 같이 요약해 볼 수 있을 것 같다.

첫 번째, 적성 및 자질(선천적 능력)에서는 ①가능성에 대한 집념(지구력과 끈기, 실패에 대한 인내력), ②의지력을 뽑을 수 있겠고,

두 번째, 경험 및 지식(후천적 능력)에서는 ①창업 관련 분야에서의 경험, 지식, 그리고 자격, ②인간관계의 폭과 깊이를 뽑을 수 있겠으며,

세 번째, 업무수행 능력(경영능력)에서는 ①멤버의 구성 정도를 뽑을 수 있겠다.

전체 평가 항목을 점수와 가중치로 계산하여 평균 50점을 넘지 못한다면 절대로 창업하지 말라고 되어 있다. 사업은 예행연습이 없기

때문에 한 번 실패하게 되면 곧바로 금전적인 손실, 정신적인 손실, 더 나아가서 신용불량으로 5년간을 금융 제한을 받아야 하는 불편함으로 살아야 하기 때문에 50점을 넘지 못하면 창업을 하지 말라고 단호하게 명령적으로 서술하고 있다.

창업을 준비함에 있어 성공을 위한 조건을 요약해서 정리해 보자면, 창업자는 실패에 대한 두려움도 없고, 이를 극복할 충분한 인내력과 끈기를 가지고 있는 선천적 능력을 가지고 있어야 한다.

또한, 창업하고자 하는 업종에 대한 지식과 경험이 풍부할 뿐 아니라 인간관계의 폭이 넓고 깊고, 업무 능력이 탁월한 인재의 등용과 진실된 파트너쉽이 관계되어진다면 탄탄한 레버리지 역할이 되어 성공적인 창업과 창업 이후에도 안정적인 발전을 지속해 나갈 수 있을 것이라는 내용으로 요약할 수 있겠다.

🎙️|02
창업을 준비하는
올바른 자세

존 맥스웰의 『리더십의 법칙 2.0』 「항해의 법칙」 파트의 첫 문장에서 소개된 내용을 창업과 연결해서 한번 살펴보자.

준비되어 있지 않은 창업을 할 경우 그 사람이 겪을 혹독하고, 자비조차도 없는, 그리고 잔인하다고까지 할 수 있는 사례를 보면서 함께 공감을 가져보고자 한다.

1911년 두 탐험대가 엄청난 목표를 향해 긴 여정의 첫발을 내디뎠고, 그 두 탐험대의 전략과 경로는 달랐지만, 목표는 하나였다. 그것은 바로 세계 역사상 처음으로 남극에 가는 것이었다. 최후의 결과가 삶과 죽음으로 극명하게 갈라진 두 팀의 이야기를 통해 창업이라는 것 또한 남극을 탐험한다는 것과 전혀 무관하다 할 수 없음을 알 수 있을 것이다.

　존 맥스웰의 『리더십의 법칙 2.0』 「항해의 법칙」 파트의 첫 문장에서 소개된 내용이다. 이 중 성공한 리더의 좋은 사례로 소개되어 있는데, 그 사례를 한번 살펴보자.

　노르웨이의 탐험가 아문센(Roald Amundsen)이 한 팀을 이끌고 남극을 향해 항해의 여정을 준비한다. 그는 남극을 탐험함에 있어 자신의 철저한 계획과 준비가 틀림없이 좋은 결과를 낳을 것이라는 것을 확신했다.
　탐험에 나서기 전에 아문센은 주도면밀하게 계획을 세웠다. 에스키모인들과 경험 많은 북극 탐험가들이 사용하는 방법을 연구하였고, 장비와 보급품의 이동은 개썰매를 이용하는 것이 최선이라는 결론, 그리고 남극으로 함께 떠날 팀을 구성할 때 스키를 잘 타는 사람들과 개를 잘 다루는 사람을 뽑았다.

　어떻게 전략을 실천했는지 알아보자.
　전략은 의외로 단순했다.

　탐험대가 하루에 6시간씩, 24km에서 32km 정도를 이동하는 동안 힘든 일은 거의 개에게 시킨다는 것이었다. 아문센의 사전 준비는 놀랍도록 치밀했다. 탐험 경로를 따라서 보급품 저장소를 만들고, 필요한 물품은 사전에 모두 채워두었다. 탐험대가 처음부터 무거운 보급품을 다 가지고 떠나지 않도록 하기 위해서였다. 마지막으로 대원들에게는 최고의 장비를 제공했다. 이렇듯 아문센은 탐험 과정에서 발생할 수 있는 모든 일들을 면밀하게 생각했고, 철저히 대비했다. 그 결과 단 한 명의 대원이 이(치아)를 뽑는 것 외엔 아무런 사고 없이 최초로 남극을 탐험한 쾌거를 이룬 것이다. 라고 소개하고 있다.

출처 영화 「아문센」, 2020. (더사이언스타임즈)

창업을 계획한다면 아문센 탐험가처럼 사전에 '철저한 계획과 준비'가 있어야만 그래도 목표하는 곳에 근접하게 다다를 수 있을 것이다. 우리는 아문센의 남극 탐험이 곧 창업과 다름없다는 것을 같은 맥락에서 충분히 이해해 볼 수 있다.

존 맥스웰의 『리더십의 법칙 2.0』「항해의 법칙」파트의 첫 문장에서 소개된 내용 중 실패한 리더자의 사례로 소개되어 있는데, 그 사례를 한번 살펴보자.

영국 해군 장교인 로버트 스콧(Robert Falcon Scott)이었다. 그는 예전에 남극 지역을 탐험한 적이 있었다(관련 분야 경험과 지식 부문에서 아문센보다는 높은 점수를 받을 수 있다는 점). 아문센과는 정반대로 개썰매 대신 모터썰매와 조랑말을 선택했다.

그러나 출발한 지 겨우 5일째 되던 날, 남극의 극심한 추위로 썰매의 모터는 작동을 멈췄고 조랑말도 추위 때문에 제대로 움직이지 못했다. 남극횡단산맥 아래에 도착했을 때, 탐험대는 더 이상 움직일 수 없는 조랑말들을 모두 죽일 수밖에 없었다. 조랑말들이 없는 상황에서 100kg에 달하는 보급품 썰매를 끄는 것은 탐험대의 몫이었다. 스콧은 대원들(조직)의 탐험 장비에 충분한 주의를 기울이지 않았다. 탐험 복장 디자인에 문제가 있어서 대원 전체가 동상에 걸렸고, 발가락이 썩어가면서 부츠를 신는 데만 한 시간 이상이 소요되고, 고글(Goggles)은 성능이 좋지 않아 대원들은 모두 설맹(雪盲)이 되었다. 아문센과는 달리 보급품 저장소에는 보급 식량과 물이 턱없이 부족하였고 저장소들 사이의 거리가 너무 멀었다. 또한 장소가 정확히 표기되어 있지 않아서 찾는 데만도 많은 시간을 허비하였다. 모든 것이 턱없이 부족한 최악의 상태를 더욱 악화시킨 것은 4명 분량의 보급품만 준비했는데 갑자기 1명의 대원을 더 추가시킨 스콧의 갑작스러운 결정이었다.

1,300km가 넘는 10주간의 혹독한 여정 끝에 1912년 1월 17일 스콧 탐험대는 남극에 도착했다. 하지만 여기서부터가 문제였다. 다시

이 거리만큼 되돌아가야 하는데 모든 것이 최악의 상황인 스콧 탐험대원들은 굶주리고 괴혈병으로 고통받으면서도 15kg에 달하는 지질학 조사 자료를 대원들에게 추가로 짐을 지우게 함으로써 결국 대원들은 되돌아오는 길에 모두 죽음을 맞이하게 된다.

이와 같이 삶과 죽음이라는 극명한 결과를 가져오게 된 것은 무엇에서 비롯된 것인가? 왜 똑같이 시작하여 출발했지만, 아문센이 이끈 탐험대는 대원(조직)이 이(치아)를 하나 뽑은 것 외에는 성공적인 결과를 얻은 반면 스콧이 이끈 탐험대는 대원들 전체를 죽음으로 몰게 되는 최악의 결과를 얻게 된 것일까? 그것은 바로 철저한 계획과 준비의 차이였다는 것을 알 수 있을 것이다.

이순신 장군께서 명량대첩에서 어떻게 12척의 판옥선으로 330척의 왜선을 격파하는 역사적으로 전무후무한 승리를 할 수 있었을까? 이는 바로 <u>면밀한 계획과 준비</u>였다.

이건 진리다.

창업을 준비하는 모든 예비창업자들에게 가장 중요한 것은, 즉 삶과 죽음이라는 극명한 결과를 가져올 수 있는 가장 중요한 것은 바로 면밀한 계획과 준비라고 말할 수 있겠다. 창업을 앞두고 자신이 얼마나 진정성 있게 땀을 흘렸는가에 대한 평가는 링 위에 올려진 파이터와 같다. 게으르고 대충 준비해 온 파이터가 승리할 리가 만무하듯 창업 또한 이와 같다.

준비성 없고, 계획성 없는 예비창업자는 이미 실패라는 결말을 놓고 불필요한 소모전을 벌이는 무모한 짓일 수밖에 없다는 것을 알고,

자신이 계획한 사업아이템에 대한 자신의 창업 적합성과 지적능력과 수행능력, 진입시장의 변화 등을 아주 면밀히 검토하여 진출하는 것이 성공을 예비한 창업자라고 할 수 있겠다.

💺|03

관련 서적을 많이 읽어
간접경험과 지식을 쌓아라

    창업을 준비하고 있다면 아래에 소개된 책 중 몇 권의 책을 접하고 읽어봤는지 냉정하게 체크를 한번 해보기를 바란다. 총 25권의 책 중에서 최소한 15권 이상을 읽었다고 한다면 당신은 창업을 위한 여러 가지 자격 중 하나를 인정받게 된 것이다.

분류	no.	책 제목	저자
마케팅	1	마케팅 불변의 법칙	알 리스, 잭 트라우트
	2	콘텐츠 플랫폼 마케팅	김귀현
	3	필립 코틀러의 마켓 4.0	필립 코틀러
	4	유튜브 마케팅 컨설팅북	오종현
	5	인스타그램 (마케팅+쇼핑) 사용법	윤성임, 최재용

분류	no.	책 제목	저자
경영	1	권도균의 스타트업 경영 수업	권도균
	2	서울대 최종학 교수의 숫자로 경영하라	최종학
	3	카르마 경영	이나모리 가즈오
	4	기업 경영에 숨겨진 101가지 진실	김수헌
	5	하버드 비즈니스 리뷰 경영 인사이트 BEST 11	마이클 E. 포터 외
재무 회계	1	재무제표 처음공부	대럴 멀리스, 주디스 올로프
	2	박 회계사의 재무제표 분석법	박동흠
	3	워렌 버핏의 재무제표 활용법	메리 버핏, 데이비드 클라크
	4	읽으면 진짜 재무제표 보이는 책	유흥관
	5	재무제표를 읽으면 기업이 보인다	홍성수, 김성민
자기계발	1	깨진 유리창 법칙 (사소하지만 치명적인 비즈니스의 허점)	마이클 레빈
	2	아주 작은 습관의 힘	제임스 클리어
	3	이기는 습관 1 (동사형 조직으로 거듭나라)	전옥표
	4	성공하는 사람들의 7가지 습관	스티븐 코비
	5	리더십의 법칙 2.0	존 맥스웰
	6	주식회사 고구려	양은우
	7	프레임 : 나를 바꾸는 심리학의 지혜	최인철
	8	카네기 처세술	데일 카네기
	9	설득의 논리학	김용규
	10	후츠파로 일어서라	윤종록

위에 소개된 책들 외에 하루에도 수없이 쏟아져 나오는 필독 서적들이 있지만 그래도 읽기 편하고 쉽게 접할 수 있는 책들 위주로 소개하였다. 이렇게 소개된 책 중 자신이 접해본 책이 50% 미만일 경우 본인 스스로는 창업에 대한 열정과 의지만 있을 뿐 충분한 지식습득에 대한 준비가 완전히 안 되어 있다고 판단하여야 하고, 시간에 쫓겨서 결과를 그르치지 말고 우선 읽지 못한 서적들부터 충분히 정독(精讀)한 후에 다시 한번 자신을 냉정하게 평가한 다음 창업을 해도 늦지 않을 것 같다.

요즘 유튜브나 인터넷 검색광고 등을 통해서 독서 어플을 많이 소개하고 있는데, 시간에 쫓겨서, 너무 바빠서 등의 핑계 댈 시간에 짬짬이 이런 독서 어플들을 이용해서 꾸준히 독서하는 습관을 가져야 한다. 성공한 CEO들의 공통적인 습관이 바로 틈만 나면 독서를 한다는 것이다. 좋은 태도를 반복함으로써 습관화해야 하는데, 습관화를 위해서는 입으로 소리 내어 머리에 잠재되게 하고 이를 행동에 옮겨서 자신의 것으로 만드는 것을 계속해서 반복해 나가야만 한다. 그렇게 태도가 습관화되는 것이다. 근사한 계획들은 누구나가 할 수 있지만 실천으로 옮기는 것은 게으른 자신을 이긴 매우 의지가 강한 자만이 할 수 있다.

지금, 바로 시작해야 하고 그래야 한다.

이런 습관이 자신의 정체성을 뚜렷하게 만들어 주고, 그 정체성에 굳건해야 습관처럼 생활에서 행동으로 드러나게 되어 있고, 그 후에야 드디어 성공한 자신의 모습을 볼 수 있게 되는 것이다.

🪑 | 04

창업(사업)에는 왜
성공 지침서가 없는 것일까?

누구나 한 번쯤은 온라인 게임을 해보았거나 관심이 없다 하더라도 보거나 들어는 봤을 것이다. 적의 우두머리를 죽이기 위한 1단계에 서부터 차근차근 전략을 펼치거나 장시간 동안 마구잡이 공격을 통해 적들을 죽이면서 자신의 레벨을 올려나가는 것이 요즘 나오는 게임들의 패턴일 것이다. 레벨을 업(Up)시키는 것이 너무 지루하거나 시간 소요가 크다고 생각하는 게이머(Gamer)들은 강력한 공격 아이템을 현금 결제하여 남들보다 먼저 자신의 캐릭터를 레벨업(Level Up)시켜서 남들보다 훨씬 강력한 캐릭터로 적과 싸우며 우월감을 자랑한다. 공격하는 것도 있지만 얼마나 방어(Shield)를 잘하느냐도 매우 중요하다.

방어 아이템을 구매하는 이유는, 게임 중에 위기를 맞게 되면 방어

(Shield) 아이템을 사용하여 위기를 넘기고자 함이다.

왜 갑자기 게임 얘기를 서두에 언급했을까?

사업이란 것이 게임처럼 정해진 플랫폼, 게임 환경(Mode), 정해진 룰(Rule)이 있어서 아이템만 잘 구매하면 빠르게 목표 달성과 함께 성공을 쟁취할 수도 있겠지만, 사업에는 결코 정해진 Rule이나 정해진 정숫값이 있을 수 없다. 물론, 『성공하는 사람들의 7가지 습관』, 『이기는 습관』, 『이기는 대화』 등 이미 성공을 맛본 사람들의 경험담과 지침을 담은 책들을 읽어나가면서 책에서 말한 그대로 따라 한다면 성공을 단축시킬 수도 있겠지만 결코 그렇지가 않다. 그 당시의 성공한 사람들과 지금의 나 자신은 여러 가지 내·외적인 환경, 시장(Market) 등이 너무도 다르고, 자신이 갖추고 있는 강점과 약점이 다르기 때문에 단지 그들의 경험과 지식을 간접적으로 경험할 수 있을 뿐 그들과 똑같은 방식과 똑같은 시간 내 성공을 맛볼 수 있는 것은 아니다.

사업은 운칠기삼(運七機三)이라고 말한다. 운(運)이 7할이고 재주가 3할이라는 것이다. 운(運)이라는 것이 지침서나 참고서에서 가르쳐 주는 대로 그대로 열심히만 하면 당연히 따라오는 좋은 성적표처럼 짜여진 틀(Frame)과 정해진 룰(Rule)이 있어서 그대로만 하면 반드시 좋은 결과가 있을 것이라고 감히 누가 확신 있게 말할 수 있겠는가? 운(運)이라는 것은 보이지 않는 변수이고, 언제 찾아올지 모르는 기회를 내 것으로 만들기 위해 철저히 준비하고 또 준비하여 기다리고 있을 뿐, 그 기다림에 기회가 맞으면 운(運)이 따랐다 할 것이고, 그렇지 못하면 운(運)이 따르지 않았다 할 것이다. 과연 얼마나 많은 사람들이 자신에게 찾아온 기회를 놓치지 않고 거기에다가 운(運)까지 따라주어 남들이 부러워하는 성공 가도를 달릴 수 있을 것 같은가?

성경 말씀을 비유하자면 '부자가 천국에 들어가는 길은 낙타가 바늘귀에 들어가는 것보다 어렵다'고 한 것처럼 기회와 운을 다 잡는다는 것이 이 비유와 같을 것이라 생각한다. 하늘이 함께하지 않으면 절대 이룰 수 없다 할 정도로 사업이라는 것이 나침반 없는 항해를 하는, 어쩌면 무모하기 짝이 없는 길을 가는 것이나 마찬가지일 것이다.

게임처럼 위기가 닥쳤을 때 쉴드(Shield)라는 아이템을 사서 방어라도 할 수 있으면 모르겠지만 특별히 해결할 수 있는 솔루션이 매뉴얼로 정해져서 매뉴얼을 뒤져가면서 해법을 찾을 수 있는 것도 아니니, 그야말로 사업을 하겠다고 마음먹는 사람들은 하나같이 계란으로 바위 치는 것이나 별반 다를 게 없다고 생각된다. 하지만, 계란으로 바위를 쳐서 깨뜨리는 사람들이 있기에 많은 사람들이 창업을 결심하고 모두가 당장이라도 잡힐 것만 같은 부(富)와 명예와 권력을 꿈꾸면서 앞을 향해 전진한다.

한국무역협회 2021년 12월 28일 자 뉴스 자료에 소개된 내용이다. "국내기업 5년 차 생존율 29.2%…재창업 기업은 73.3%" 중소벤처기업연구원에서 발표한 자료라고 실려 있다. 이 자료만 보더라도 희망을 품고 달려갔는데 결국 좌절과 실패를 맛본 창업기업의 생존율은 29.2%밖에 되지 않는다는 것이다. 우리는 70%의 실패보다는 30%의 생존이라는 것에 더 큰 희망을 걸고 앞만 보고 달려가는 무모하기 짝이 없는 바보들과 같다.

하지만, 사업에서 단칼에 성공을 맛본 사람은 누가 있을까? 태생이 금수저인 사람? 아니면 운수대통하여 복권 1등에 당첨되어 돈방석에 앉게 된 사람? 단칼에 성공을 맛본 사람은 없다고 자신 있게 말할 수 있다. 단칼에 돈방석에 앉은 사람들이 있다면 이는 결코 성공이라고 할 수 없을 것이고, 처음부터 수많은 고통과 좌절, 쓰디쓴 고난을 딛고 밭을 일궈온 과정을 통해 생존이라는 문턱에 다다른 것이 아니기에 성공이라 이름 붙여주기엔 생존해 있는 30%의 창업기업에 너무 미안하고 또한 맞는 표현도 아니다.

에디슨이 "성공이라는 것은 99개의 실패라는 조각과 1개의 성공이라는 조각이 모여 완성되는 퍼즐이다."라고 하였듯이 실패를 통해 쌓은 경험들이 창업을 준비하는 사람들에게 굉장한 무기, 즉 위기에서 구해줄 매우 중요한 방어 아이템(Shield)이 되는 것이다. 실패라는 경험과 경력들이 얼마나 많으냐에 따라 작은 위기에서부터 큰 위기에 이르기까지, 내·외적으로 다양한 변화와 변수들이 위협을 할지라도 아주 쉽고 빠르게 극복할 수 있게 되는 것이다. 그렇다고 계속 실패를 거듭하라는 말은 아니다. 실패를 통해 자기반성을 하고 다시 면밀한 준비와 계획 속에서 재도전하는 사람들에게 맞는 얘기일 것이다.

이렇듯 창업을 준비하는 사람들에게 창업하고자 하는 사업에 대해 얼마나 많은 지식과 경험이 직간접적으로 축적되어 있느냐를 매우 중요하게 물어보는 이유이기도 하다. 만약, 사업이라는 교과목이 있다면 가르칠 선생님을 모집하는 일은 그다지 어렵지 않을 것 같다는 생각이 든다. 왜냐하면, '주간창업경제 2020.2.20.자 보도내용'을 보면 자영업 창업 성공률은 5%밖에 안 된다고 한 것을 보더라도 성공한 사람들이 5%밖에 안 되는 반면 실패한 사람들은 95%이니, 그만큼 실패사례만 연구해도 성공은 훨씬 가까운 곳에서 찾을 수 있을 것이니 말이다.

결론이다.

사업이라는 것은 정해진 매뉴얼이나 규칙이 없이 나침반 없는 항해를 하는 것이나 마찬가지이다. 스스로 수많은 역경과 장애물들을 헤쳐나가야 한다. 끊임없이 인내하고 기다릴 줄 알아야 하며, 찾아오는 기회를 확실히 잡기 위한 땀과 수고를 아끼지 않아야 한다. 자신이 가고 있는 길에 등불이 되어줄, 그나마 나침반 역할을 대신할 수 있는 관련 분야 서적들을 접하면서 충분히 지식을 쌓고 견문을 넓혀 올바른 선택과 판단을 할 수 있도록 능력을 배양해야 한다. 그것만이

95%의 실패라는 부류에 속하지 않고, 5%라는 성공의 부류에 속하게 될 것이기 때문이다.

계획 없는 준비, 목표 없는 노력, 반성 없는 현실은 그저 소모전에 불과하다. 지금 우리는 전쟁을 하고 있는 것이고, 이 전쟁에서 승리해야 하므로 이충무공이 보여줬던 철저한 계획과 준비, 그리고 훈련을 통해 찾아온 기회를 성공으로 이끌 수 있어야 한다. 그것만이 사업에서 얘기하는 성공 매뉴얼이라 할 수 있고, 창업 성공 교과서라고도 감히 말할 수 있겠다.

CHAPTER

3

창업의 필요
충분조건

01

경영과 인적네트워크와의 관계, 그리고 선택

사업 초기, 무엇보다 중요한 것이 사람이 재산이라는 것을 많이 느끼게 된다. 혼자 힘으로 할 수 없는 정말 많은 과제들이 숨 쉴 새 없이 밀려든다. 이때 가장 중요하게 역할을 해주는 것이 인적네트워크, 즉 인간관계이다. 결국 사람이 재산임을 뼈저리게 느끼게 해주는 소중한 체험을 하게 된다.

그런데, 바로 이곳에 보이지 않는 함정이 있다. 함정이라 하여 헤어 나오지 못하는 함정의 의미는 아니다. 그렇다면 헤어 나올 수 있다는 말인데, 도대체 왜 함정이라고 표현했을까?

창업 후 사업을 전개해 나가다 보면 이상하게 마치 머피의 법칙처럼 중요한 순간마다 발목을 잡는 것이 바로 이 인간관계에서 맺어진 인연의 끈이라는 것에서 인간관계가 가장 어려운 장애물이면서도 협력해야만 하는 관계라는 점이 너무 아이러니하다 할 수 있다. 이는 물질적인 빚, 마음의 빚 때문인 것이다. 쉽게 말해서 회사가 창업하여 시작하는 단계이다 보니 처음부터 여기저기 경영 동량을 받게 마련인데, 그중에 자금적인 동량을 가장 많이 받게 되어 있다. 경영의 초짜이기도 하지만 기업 운영에 대한 경험이 거의 없는 창업자들의 선택은 결국 한 수 앞을 내다보지 못하고 당장의 고비를 넘기기 위한 달콤한 손길을 선택하기 마련이다.

이렇게 도움을 받아 한 고비를 넘어갔지만, 정말 중요한 순간 결정적인 판단을 해야 할 때 절대적으로 뿌리치지 못하는 것이 바로 이 독사과와도 같은 도움의 손길이다. 사과가 주는 달콤함 속에 독이 있다는 것을 절대로 알지 못한다는 것이다.

예를 하나 들어보자. 대출을 받아서 회사를 운영하다 보니 인건비, 임대료, 기타 고정 잡비 외에 '금융이자'라는 항목이 고정비로 하나 더 늘어나 아주 신경을 많이 쓰게 한다. 창업하여 기업 경영을 하다 보면 고정비라는 것이 얼마나 무서운 것인지 뼈저리게 느끼게 된다. 그러다 보니 가지고 있는 현금은 몇 달이 안 되어 바닥이 나버리고 결국 은행의 문턱은 한없이 높아 보이고, 그 현실의 벽을 넘지 못해 결국 지인을 찾게 된다. 이렇게 찾은 지인의 도움이 급한 불을 끄는 데 아주 중요한 역할을 하게 된다. 이때 자가 진단에서도 첫 질문에서도 인적네트워크에 대한 강점을 묻는 질문이 중요하게 체크되었지만 모든 면에서 강점을 가지는 것이 아니고 동전의 양면처럼 인적네트워크가 한편으로는 적이 되어버리는 부분도 가지고 있다는 것이다.

더 큰 도약을 위해서 부득이하게 도움을 크게 받았던 지인의 손길을 이제는 끊고 중요한 선택을 해야 하는데, 정(情)을 쉬이 뗄 수 없는 것이 인지상정이라 창업자는 우유부단할 수밖에 없게 되고, 그렇게 시간은 흐르고 흘러 가슴만 졸이다 기회손실을 입게 됨은 물론 어쩌면 크게 발돋움할 수 있는 기회를 날려버릴 수 있다는 것이다. 이것이 바로 인간관계, 즉 인적네트워크의 숨어있는 이면이라는 것이고, 창업자들에게는 약이면서 독이 될 수 있는 약초라고 할 수 있다.

이때 가장 현명한 창업 경영자에게 요구되는 것이 바로 냉철한 선택과 빠른 판단이라는 것이다. 흔히 듣는 말로 머리는 차갑게, 가슴은 뜨겁게 하라고 하는 이유가 다 이러한 이유에서다.

경영자라면 정말 중요하게 갖추어야 할 요건이지만 그렇다고 쉽지가 않으니 가까운 경영컨설팅 기업체를 찾아서 파트너쉽(Partnership)을 맺어서 매 순간순간 자문을 통해서 회사를 운영해 나간다면 위에서 언급한 함정이라는 것이 두렵지도 않을뿐더러 함정에 빠졌다 하더라도 힘들지 않게 쉬이 빠져나올 수 있고 현명한 판단을 잘해나갈 것이라 생각한다.

🎙 | 02

창업하기 전 손자병법을
최소한 세 번은 읽어보라

우리나라에서 흔히 보이는 편의점 중 하나로 '7-ELEVEN(세븐일레
븐)'이라고 잘 알고 있을 것이다. 세븐일레븐은 1927년 미국 텍사스
주 댈러스에서 설립된 사우스랜드 제빙회사(Southland Ice Company)가
모체이다. 일본에 진출한 후 미국 본토보다 오히려 일본에서 더욱 발
전하였다. 결국 일본의 슈퍼마켓 체인인 이토요카도에서 1990년 **챕
터 11**(미국 연방파산법 중 제11장의 내용으로, 파산보호를 신청한 후 법원에서 기업 정
상화가 기업청산보다 더 이익이 있다고 판단하여 승인하면 미국 정부 관리하에 기업회생
을 할 수 있는 제도) 파산 보호 신청을 한 세븐일레븐 본사인 사우스랜드
사의 주식을 대거 사들인 이후 사우스랜드사는 회사명을 '7-Eleven
Inc'로 바꿨다. 이 유통업체 내면으로 조금만 깊이 들어가서 한번 살
펴보도록 하자. 아마도 이 순간 창업을 준비하는 사람이라면 무엇인

가 크게 깨닫고 느껴지는 바가 있을 것이라 생각한다.

'세븐일레븐'의 경영철학은 세븐일레븐 홈페이지(www.7-eleven.co.kr) 나 책 및 기타 검색을 통해서 알 수 있듯이 '기본에 충실하고, 변화에 대응하자'라고 소개되어 있다. 이는 **손자병법에서 '승병선승(勝兵先勝) 이후구전(而後求戰) 패병선전(敗兵先戰) 이후구승(而後求勝)'에서 따온 것 이라고 한다. 즉 '이기는 군대는 승리할 상황을 만들어 놓고 전쟁에 임하고, 패하는 군대는 먼저 전쟁을 일으킨 다음 승리를 구한다'라는** 뜻으로, 싸움에 있어서 사전 전략과 계획이 있고 없음의 차이가 승패 를 좌우한다는 뜻을 가지고 있다고 한다.

위의 경영철학의 문구를 가장 쉽게 이해할 수 있는 사례를 하나 들 어서 좀 더 깊이 있는 이해를 해보자. 1592년부터 1598년까지 이어 졌던 임진왜란 때 충무공 이순신 장군의 조선 수군이 왜군과의 해전 에서 23전 23승이라는 해전 역사상 전무후무한 업적을 남기신 것을 우리는 너무도 잘 알고 있다. 2010년 필자가 전라남도 여수 망마 경 기장 안에 소재하고 있는 좌수영 박물관을 방문한 적이 있다. 임기봉 관장을 그곳에서 처음 뵈었고, 그분이 직접 저술한 『陣中日記』라는 책을 통해서 아주 상세하게 임진왜란과 거북선에 대한 정보를 접한 적이 있었다. 그 책에서 소개된 내용을 인용해 본다.

조선 수군 첫 번째 승전보를 알려준 해전이 옥포해전(왜선 42척 격파) 이다. 그 다음이 사천해전(왜선 13척 격파), 당포해전(왜선 21척 격파), 한산 대첩(와키자카를 선봉으로 해서 출전시켰다가 이순신 장군에게 전멸당한 것으로 유명 한 해전), 부산포해전(왜선 430척과 싸워 100척을 격파), 명량해전[12척 전선

(戰船)으로 왜선 332척을 쳐부순 세계해전사상 유례 없는 해전사(海戰史)], 노량해전(왜선 200척을 격파와 충무공 이순신 장군이 전사한 해전) 순이다.

　　모두가 하나같이 빼어난 전술에 의해 값지게 승리한 전투라는 것을 우리는 너무도 잘 알고 있기에 23전 전승이 갖는 의미는 말로 설명 안 해도 그 크기를 가늠할 수 없을 것이라 생각한다. 23전 중 창업자를 위해 더 쉽게 이해를 도울 목적으로 명량해전을 두고 원균과 이충무공을 비교해 본다. 원균은 200여 척을 이끌고 칠천량에서 왜와 전투를 하지만 거의 전몰하게 되고 한국 해전 역사상 최악의 전투 중 하나로 손꼽힐 만큼 불명예를 안게 된다. 그렇다면 수적으로 비교도 안 되는 12척!! 왜선은 332척!! 과연 싸움이 되겠는가? 누가 봐도 무모하다고밖에는 생각이 안 들겠지만 결과는 어떻게 되었는가? 12척으로 332척을 괴멸시킨 세계해전 역사상 유례없는 전투라고 하지 않은가? 그렇다면 원균은 이순신 장군의 명량해전과 비교하면 훨씬 좋은 조건과 전투력을 가지고도 왜 전멸을 당하는 수모를 겪을 수밖에 없었는가? 도대체 그 차이가 무엇인지를 우리는 깊이 있게 분석해 볼 필요가 있다. 우선은 원균이 이끌었던 칠천량 전투의 개요부터 확인해 보고, 무엇이 잘못되었는지 공감해 보도록 하자.

　　원균의 칠천량 전투에 대한 개요이다. 이 내용은 「위키백과사전(https://ko.wikipedia.org/wiki)」을 통해서 검색한 내용을 정리한 것이고, 이미지 또한 「위키백과사전」에서 발췌한 것이다.

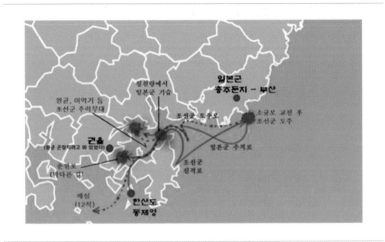

칠천량 전투는 1597년 (선조 30년) 7월 14일 새벽 경상도 거제 땅 칠천량 해협에서 통제사 원균이 지휘하는 조선 수군 연합함대가 일본군에게 크게 패배하여 최고 지휘관을 포함하여 해전 경험이 풍부한 많은 지휘관들이 전사하고 함대와 병력 모두 완전히 궤멸된 해전으로, 세계 해전사에 그 유례를 찾기 힘들며 씻을 수 없는 굴욕적이고 치욕적인 패배로 끝난 해전이다.

100척이 훨씬 넘는 판옥선, 거북선과 1만여 명에 달하는 조선수군을 총동원한 원균은 부산포 인근에서 바람과 파도를 고려하지 않고 적을 추격하다가 12척의 판옥선을 표류하게 해 잃어버리고 만다.

원균의 경우는 왜군과의 전투를 위해 면밀한 시장조사의 간과와 외적환경(왜가 펼칠 예상 전략 등)의 분석, 그리고 우리가 왜군 수군을 상대로 펼칠 해전전술 등에 대한 대비 하나 없이 외형으로만 보여지는 수적인 믿음, 그리고 무모한 객기로 무조건 이길 수 있다는 생각만으로 출전했던 것이다. 다시 말하면 우선은 창업을 해놓고 보자는 식인 것이다. '승병선승(勝兵先勝) 이후구전(而後求戰)'을 철저히 무시하고 패병선전(敗兵先戰) 함으로써 전선 100여 척이라는 숫자만을 믿고 의지하여 전투를 했던 것이 무참한 패배의 결과를 낳게 된 것이다. 그야말로 완벽하게 창업에 실패한 것이다.

하지만, 충무공 이순신 장군은 어떻게 하였는가? 이길 수 있는 모든 주변 환경을 면밀히 조사하여 이길 수 있는 상황을 다 만들어 놓은 다음, 즉 '승병선승(勝兵先勝) 이후구전(而後求戰)'을 실천함으로써 12척으로도 332척을 쳐부수는 기적과 같은 승리로 명량해전이라는 세계적인 대첩으로 기억되고 있지 않은가? 다시 말해서 완벽하게 창업에 성공한 것이다. 단순한 비교이지만 얼마나 큰 차이가 나는지 직접 느껴볼 수 있는 아주 좋은 예(例)라 할 수 있다.

내적환경과 외적환경에 대한 철저한 조사와 분석에 충분한 시간을 투자한 다음, 때를 기다려 이길 수 있는 전략이 구사될 수 있다고 판단되는 시점에 전투를 시작했다는 차이 하나이지만, 결과는 엄청난 차이를 가지고 오게 된 것이다. 이렇듯 시작하기 전(前) 내가 갖추어야 할 요건들을 꼼꼼히 따져보고 어느 시점에, 어떻게(시장조사), 누구랑(조직), 어느 정도의 사이즈(자본)로 시작할 것인지를 계획한 후 시작해도 늦지 않다는 얘기다. 더욱이 기존에 이미 형성되어 있는 시장을 대상으로 창업을 하게 될 경우, 마치 기류를 타고 이동하는 철새들처럼 내가 생산한 아이템이 시장흐름에 따라 자연스럽게 판매가 될 수 있는 그런 Market이라면 승률은 70%라고 한다. 그런데, 아직 어떤 형태로든 형성되어 있지 않은 시장(Market)과 세상에 처음 나오는 제품이라면 승률은 5% 이내라고 한다. 그만큼 시장 현황을 파악하고 트렌드를 빨리 인지하고 시장흐름에 맞추어 나가는 것이 가장 중요한 창업 포인트라 할 수 있겠다.

위의 내용을 복습한다는 생각으로 다음과 같은 아이템으로 창업을 준비한다고 가정을 해보자. 창업 전 철저한 시장조사와 분석을 통해 구체적인 사업계획의 수립과 함께 창업을 결정하였다는 가정하에 어떻게 준비하는 것이 제대로 된 복습을 하는 것인지에 대해 나름대로 나열을 한번 해보도록 하자. 창업 아이템에 대한 선정은, 지금 지구 상에서 일어나고 있는 자연재해 중 식량 고갈, 물 고갈, 자원 고갈, 에너지 고갈 등 매우 심각한 수준이란 것을 너무도 잘 알고 있을 것이다. 특히, 환경문제도 더 말할 것 없이 심각함을 너무도 잘 알고 있다.

이런 환경을 바탕으로 창업을 한다.

- **창업 배경** : 지구의 온난화 + 특히, 한반도 기후변화에 따른 건기(乾期)의 장기화로 물 부족 현상 심각 예상
- **창업 아이디어** : 가정용과 산업용으로 분류하여 리조트에서 겨울철 눈이 없을 때 인공눈을 뿌리듯 산업용 물을 제조할 수 있는 기계장치와 가정에 두고 언제든 물을 만들 수 있는 인공 음용수 제조 기계장치를 개발하여 이를 사업화

사업 개시에 앞서 아래와 같은 기본적인 사항은 사전에 체크를 해본 후 시작해야 한다.

(1) 창업할 아이템에 대한 상세한 기술

자신이 창업할 사업 아이템에 대한 개요와 기술적 사항에 대해 아주 상세하게 기술할 수 있어야 한다. 또한, 창업의 주체인 내가 창업을 위한 자질과 지적능력, 자본 마련과 인적네트워크 등의 여러 가지 준비사항에 대해 충분히 자격을 갖췄는지도 체크를 해야 한다.

(2) 시장조사

ㄱ. 마케팅 믹스(4P : Product, Price, Promotion, Place)전략.

ㄴ. 현재의 시장 상황을 내적 · 외적 요인으로 구분하여 조사. 즉, 외적 요인으로는 갈수록 가뭄이 잦아 저수지 물이 바닥을 보이고, 논밭이 사막화되어 가고 있는 상황이라는 등의 요인이 해당되겠고, 내적 요인으로는 1차 타겟을 어디까지 고려해야 하는지에 대한 사업영역이나 단기, 중기, 장기에 걸쳐 달성할 경영목표, 그리고 운영 조직의 변동사항 등이 내적 요인에 해당됨.

ㄷ. 빗물을 정화하여 공업용수, 농업용수로 활용하고 있는 기존 업체들 조사, 관련 특허 조사.

ㄹ. 산업용 기계장치 개발 시의 수요조사와 가정용으로 공급한다고 할 경우의 수요조사.

ㅁ. 제도적 뒷받침 가능 여부.

(3) SWOT 분석 및 대책 수립

SWOT 분석은 창업을 준비하는 사람들에게는 매우 중요하기 때문에 면밀히 충분한 시간을 투자해서 또는 전문가의 조력을 받아서 매우 정밀하게 분석할 필요가 있다. 강점과 기회 요인에 대해서는 나름대로 정리할 수 있는 부분이겠으나, 약점(Weakness)과 위협요소(Threat)에 대해서는 전문가의 조력을 통해서 매우 디테일하게 분석을 해보아야 한다. 위협요소 부분에서는 내적요소와 외적요소를 충분히 분석해서 대책까지 세워야 한다.

(4) 소요자금 조달계획

ㄱ. 이 사업을 본격화하기 위해 소요되는 자금은 어느 정도이고, 현재 보유하고 있는 자기 자금과 나머지 부족한 자금은 어떻게 조달을 할 것인가에 대한 계획을 수립.

ㄴ. 조달자금 항목으로는 공장매입비, 제조생산시설비, 인건비 등 총 소요자금에 대해 세부적으로 계획 수립.

(5) 사업성 검토

ㄱ. 추정재무 분석.

ㄴ. 내부 수익률법(IRR)에 의한 타당성 검증.

ㄷ. 투자비와 매년 수입에 대한 BEP(Break Even Point) 분석.

ㄹ. 민감도 분석과 부도 예측 등의 분석.

ㅁ. 투자비 회수율(ROI)과 3년, 5년 등 기간을 정해두고 투자금 전액에 대한 회수, 즉 Exit이 가능하겠는가?

가장 중요한 시장조사 부분에 대해서 중요한 부분만 언급해 본다면 다음과 같이 정리해 볼 수 있겠다.

과학적 기술을 통해 물을 인위적으로 만들어서 시음(試飲)을 하게 된다고 할 경우 이는 목숨과도 관련이 있으니 하나의 제약회사를 설립한다는 생각으로 사업계획을 수립해야 할 것이다. 그렇지 않고 공업용수나 농업용수로만 사용한다고 할 경우 곡물이나 토지에 대한 이차적인 환경문제 여부, 그 외의 문제 등에 대한 조사와 검증이 있어야 하고, 제조생산을 위한 허가 등의 인증을 득해야 한다면 이 또한 큰 장애물로 작용을 할 것이므로 이 모든 사항들을 위협요소로 편입시켜서 이에 대한 대책이 수립되어야 할 것이다. 즉, 시장은 긍정적으로 매우 크게 형성되어 있다고 볼 수 있겠으나 제품은 지금까지 단 한 번도 접해보지 못한 새로운 기술이 접목된 제품이라고 한다면 성공확률은 50%라고 통계 되어 있으니 이와 같은 사업은 성공확률이 50%밖에 되지 않으므로 실패확률 50%를 성공확률로 전환할 수 있어야 하는데, 이럴 경우 과다한 자금의 출혈에 의해 자칫 시작도 못 해보고 주저앉을 수도 있어 예상되는 문제들을 충분히 감수할 수 있겠는지를 잘 따져봐야 할 것이다.

이렇게 창업하는 것이 바로 충무공 이순신 장군의 '승병선승(勝兵先勝) 이후구전(而後求戰)'의 철학을 우리가 창업 전에 재현함으로써 결국 창업 성공이라는 승리를 충분히 기대해도 틀리지 않을 것이라 감히 단언할 수 있을 것이다.

Market Trend를 분석하고, 예측하고, 철저히 준비하라

영화에 취미가 있거나 영화 매니아라면 한 번쯤은 「더블타겟(Double Target, 2016년 상영)」이라는 영화를 본 적이 있을 것이다. 이 영화는 마크 월버그가 스웨거 역할로 주연을 맡아 연기하였다.

Double Target

출처 : https://ch.yes24.com/article/view/13541

영화의 기본 스토리는 대통령 암살을 막기 위해 투입된 스웨거가 저격범으로 몰리며 이에 누명을 벗는 과정을 그린 액션 영화이다. 자신의 경험과 노하우로 미리 범행 장소와 방법 등을 연구하면서 대통령과 주교가 함께 연설하는 그날 스웨거는 정확한 암살지점과 시간을 맞추지만 결국 자신이 함정에 빠져 쫓기다가 누명을 벗게 되고 이를 꾸민 악당들을 다 스스로 처단하면서 영화가 끝나게 된다. 여기에서 짚고 넘어가고자 하는 내용은 바로 '자신의 경험과 노하우로 범행 장소와 방법 등을 연구하였다'라는 것이다. 영화를 보게 되면 스웨거가 범행이 예상되는 현장을 여러 차례 조사하면서 저격을 하게 된다면 어느 지점이 가장 적합한지, 바람은 어떤지, 주변 환경에 따라 총알과 총은 어떤 것을 써야 하는지 등을 아주 면밀하게 조사한다는 것을 알 수 있다. 이렇게 함으로써 암살자가 총을 쏠 수 있는 가장 좋은 타이밍을 아주 정확하게 맞춰낸다. 암살자는 대통령을 암살하려 하지만 결국 옆에 서 있는 주교를 맞추게 된다. 영화 속 이야기이지만 2km나 떨어진 지점에서 아주 미세한 환경적인 영향(바람 등)을 가장 적게 받는 위치선정, 연설을 하는 당일 날씨 등에 의해 목표물에 정확하게 명중을 할 수가 없다는 것을 주연 역할의 스웨거가 대령에게 분명하게 말을 한다.

우리가 창업을 할 때 과연 스웨거가 현장을 아주 면밀하게 조사하고 정확한 정보를 입수하여 요청받은 일을 완벽하게 마무리한 것처럼 나도 그 정도로 철저하게 창업을 준비하였는지, 또는 창업을 준비할 수 있겠는지 스스로에게 한번 냉정하게 물어봐야 한다. 왜 창업을 하면 100명 중 기껏해야 3%만이 살아남고 나머지는 쓰디쓴 실패의 맛과 고통을 느껴야 하는지 그 이유가 무엇인지 생각해 본 적이 있는가? 단추는 처음 잘못 채워지면 결국에 끝에 가서 어긋나 맞지 않게 되듯이 우리의 창업이 시작부터 너무 어설프게, 너무 준비 없이 시작된 것은 아닌지 되짚어 볼 필요가 있다.

창업은 스웨거처럼 준비를 해야 한다. 1단계인 스스로의 자격에 대한 검증이 끝났다고 한다면 다음 단계에서는 내가 시작하려고 하는 창업 아이템에 대한 시장조사를 해야 하는데, 최소한 스웨거처럼 조사를 해야만 성공의 근사치에 다다를 수 있다는 것이다. 막연한 감(感)이나 열정, 의욕만으로는 무조건 실패한다고 보면 된다. 계산되지 않는 외적환경을 무슨 수로 막아낼 것이며 무슨 수로 대처를 할 수 있겠는가? 단추는 잘못 채워지면 다시 채우면 바로잡을 수 있다지만, 사업은 그렇지 않다. 잘못 시작해서 그 끝이 잘못된다고 한다면 어떤 피해가 예상되는지는 말하지 않아도 잘 알 것이다.

4P's(Product, Price, Place, Promotion) 전략에 근거하여 매우 구체적으로 시장조사와 분석을 해야 한다. 내 제품은 어떤 제품이고, 시장 경쟁사 대비 가격정책은 어떻게 가져갈 것이며, 어떻게 유통되는 것이며(자체 생산이냐 아니면 OEM으로 할 것이냐도 중요), 그다음 어떻게 홍보 마케팅을 할 것이냐를 아주 세밀히 조사하고 스터디하여 전략을 수립한 후에 시작해도 절대 늦지 않다는 것이 창업의 진리(眞理)라고 자신 있게 말할 수 있겠다.

우리는 1970년 4월 15일 아폴로 13호 폭발사고와 2003년 2월 미국 우주왕복선 컬럼비아호가 텍사스주 상공에서 폭발해 버리는 사건은 신문·방송 등 언론보도를 통해서 접해본 적이 있을 것이다. 컬럼비아호의 보고도 믿기 힘든 광경, 7명 대원 전원이 사망하였고, 아폴로 13호는 3명이 무사하게 귀환한 사건으로 유명하다.

이 두 사고 사건을 비교해 보면 영화「더블타겟」에서 스나이퍼 역을 맡은 스웨거가 보여준 빈틈없는 철저한 조사와 예측, 그에 반해 마이클 레빈이 쓴『깨진 유리창 법칙』에서 얘기한 것처럼 "나 하나쯤은 괜찮겠지?"라는 안일한 생각이 가져다주는 결과가 얼마나 큰지를 알 수 있을 것이다.

그렇다면 아폴로 13호 폭발사고와 컬럼비아호 폭발사고가 어떠한 차이가 있는지 한번 알아보도록 하자. 구글(Google)이나 다음, 네이버 등에서 '아폴로 13호 폭발사건'이라는 키워드로 검색해 보면 다음과 같은 사건 내용을 접할 수가 있다. 또한, 1995년 론 하워드 감독의 드라마 영화로도 유명하다. 이 영화는 「아폴로 13」이라는 제목으로 톰

행크스가 주연을 맡아 명연기를 펼쳤고, 이 영화를 통해서 "휴스턴, 문제가 생겼다."라는 아주 유명한 말도 우리에게 익숙하게 전해지고 있다. 그럼, 영화「아폴로 13」의 줄거리를 한번 살펴보도록 하자.

닐 암스트롱이 달에 착륙하여 무사 귀환한 지 1년이 채 안 된 날이기도 하고, 그리하였기에 더욱이 아폴로 13호를 발사하는 NASA팀의 자신감은 하늘을 찌를 듯하였고, 과거의 익숙한 매뉴얼과 믿음에 의한 미래에 대한 강력한 확신이었다.

아폴로 13호 미션수행 이틀째 시속 2,000마일(≒3,218.76km/h)로 우주 비행하던 도중 우주선의 1차 산소탱크가 폭발하게 된다. 우주선 내 산소는 선원들이 18분 동안 숨 쉴 수 있는 양의 산소가 있다는 것을 알았지만 급격하게 줄기 시작하였고, 급기야 18분에서 7분으로 내려 갔고, 조금 후 4분으로 줄어 걷잡을 수 없는 상황에 이르게 된다.

휴스턴 지상관제센터에서 미션, 그리고 그 위기 상황을 관리하는 책임자였던 짐 크란츠는 매우 침착하였고, 아폴로 13호의 본체를 버리고 탐사 모듈로 선원들을 모두 옮기게 한 다음 2명이 이틀을 숨 쉴 수 있는 양의 탐사 모듈에서 모두를 안전하게 지구로 귀환하게 하는 방법을 빠르게 생각해 내야 했다. 이러한 훈련은 위에서 언급되었던 아폴로 13호를 발사함에 있어 이미 기존 매뉴얼에 익숙해져 있는 습관과 믿음, 그리고 그 믿음에 의한 미래에 대한 강력한 확신으로 가득 찬 NASA 연구팀과는 달리 크란츠는 우주라는 것은 과거의 익숙한 매뉴얼과 믿음이라는 것과 거리가 멀다 여겼고 언제나 새로운 환경과 새로운 수많은 변수들로 가득 차 있기 때문에 과거를 분석하여 수많은 시뮬레이션을 통해 미래를 준비할 줄 아는 철저한 매니저였다.

그 때문에 이러한 긴급 상황 속에서도 신속한 대응으로 모두를 안전하게 귀환시킬 수 있었던 대업으로 기억에 생생하게 남는 위대한 사건으로 남게 된 것이다.

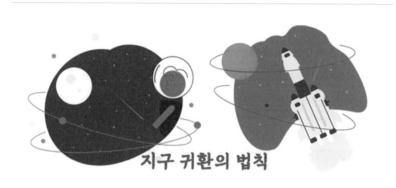

지구 귀환의 법칙

2003년 2월 1일 미국의 우주왕복선 컬럼비아호가 대기권에 진입하다 64km 상공에서 73초 만에 폭발하여 산산조각이 났던 참혹한 사건을 기억해 보자. 아래 내용은 「위키백과사전(https://ko.wikipedia.org/wiki)」에서 인용해 온 내용이다.

1.67파운드(0.453592kg)짜리 단열재 한 조각이 우주선 이륙 순간에 우주선 외부의 연료 탱크에서 떨어져 나갔다는 것을 비디오 재현을 통해서 알게 된다. 그 단열재가 왕복선 왼쪽 날개의 납으로 씌운 끝부분을 때리면서 구멍을 냈고, 그것이 엄청나게 많은 가스가 날개 내부로 유입되도록 하였고, 이 작은 안일함이 컬럼비아호 왕복선 폭발

이라는 대사건을 낳게 한다. 단열재가 처음 날개를 때렸을 때부터 폭발하던 시점까지 2주 이상의 긴 비행시간이 있었다고 한다. 이 시간 동안 엔지니어들의 세 차례씩이나 폭발위험 신호에 대한 보고를 받았음에도 불구하고 관리자들의 기존 매뉴얼에 익숙해져 있는 습관과 믿음, 그리고 그 믿음에 의한 미래에 대한 강력한 확신이 이 엄청난 폭발사건을 일으키게 된 것이다. 너무나도 비교되는 두 사건이라는 것을 알 수 있다.

시장은 과거라는 것이 없다. 현재와 미래에 대한 예측뿐이다. 과거라는 것은 실패했느냐 성공했느냐에 대한 결과일 뿐이다. 또한, 답습과 분석을 통한 현재의 더 나은 모습과 미래에 대한 예측과 위험 상황에서의 대처 능력을 함양할 수 있는 아주 좋은 거름일 뿐이다. 창업 후 어느 정도 성장을 했다 하여 계속 다가오는 시장에 대해 안일한 대처가 가져올 미래의 우리의 모습은 아폴로 13호처럼 무사 귀환이냐 아니면 컬럼비아호처럼 모두 죽음을 맞느냐의 문제가 될 만큼 매우 심각하다. 창업 후 계속적인 시장성장과 안착을 위해서는 과거의 잘못과 잘한 점을 계속적으로 분석하고 미래를 예측하며, 다양한 전략을 수립하고 준비함으로써 시장에서 위험 상황 발생 시 신속하고도 침착한 대응으로 위기를 극복해 나가야 한다. 우주(Space)는 시장(Market)과 같다. 아무도 예측할 수 없고, 어떠한 상황이 닥쳐올지도 모르지만 수많은 경우의 수와 변수에 대응하여 이겨나가는 방법이라는 것은 작은 일에도 무심하거나 그냥 지나치지 않고 세심하게 분석하고 체크할 줄 아는 디테일의 힘(The Power of Detail)과 준비된 시장 대응 전략이라 할 수 있겠다.

필자는 오래전부터 너무도 많은 현재와 미래의 마켓 변수들에 대한 준비를 과학적 데이터에 준하여 예측해 볼 수 있으면 좋겠다는 생각에서 '창업 산업군별 시장예측 툴(Tool)'이라는 것을 설계해 본 적이 있다. 요약하자면, 증권사에서 보관하고 있는 각 산업군별 과거 6개월 정도의 백업 데이터를 원데이터(Rraw Data)로 하여 Simulation을 해본다는 것이다. 요즘은 시대가 변화되고 크게 발전하여 CHAT GPT를 활용하여 Raw Data를 확보할 수 있어 훨씬 편하게 접근할 수 있게 되었지만, 그렇게 얻은 데이터에 자신의 창업 아이템이 어느 산업군에 속하는지를 3단계까지 선택하여 값을 입력하면 아래 그래프와 같이 결과가 출력이 되고, 자신의 창업 아이디어의 산업 전체가 어떻게 예측이 되는지 알 수 있을 것이라 생각해서 설계를 해보았다.

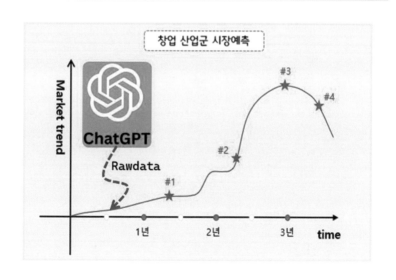

- #1과 #2 : 한창 성장할 수 있는 잠재력이 크고 긍정적인 시장으로 분석되어 창업 아이템과 시장성장과 크게 비례함.
- #3 : 창업 아이템의 산업군의 시장이 최고 정점에 위치하고 있어 언제 급감할지 모르는 불안정한 상황이므로 창업 고려.
- #4 : 이미 시장이 기울어서 창업하기에 적절하지 못함.

여러 가지 옵션(변수)값을 두고 다양한 방법으로 분석해 볼 수 있도록 하면 충분히 예측값에 근접한 답을 얻을 수 있을 것 같다. 인공지능(AI)&Big Data 분석기술이 수준에 도달되어 있기 때문에 충분히 다양한 조건으로 해서 자신이 창업하고자 하는 사업 아이템의 진입시장 예측이 높은 확률값으로 객관성을 입증받을 수 있을 것이라 생각된다. 또한, 이 어플이 개발되어 서비스된다면 창업을 준비하는 사람들에게 큰 도움이 되지 않을까 생각해 본다.

CHAPTER

4

창업가의
올바른
사고방식

01

벼랑 끝에서 야곱의 팥죽을
먹지 않는 현명한 선택

　야곱에게는 쌍둥이 형 에서가 있다. 이 둘은 엄마 배 속에서부터 서로 먼저 세상 밖으로 나가려고 다퉜을 정도로 장자에 대한 염원이 매우 컸다는 것을 종교를 떠나서 많이 들었던 내용이기도 하여 너무 잘 알고 있을 것으로 생각한다. 엄마 뱃속에서 세상 구경을 먼저 하겠다고 다투다가 결국 에서가 먼저 태어났고, 야곱은 끝까지 욕심을 버리지 못한 채 형의 뒷다리를 잡고 태어나게 된다. 야곱은 엄마의 사랑을 듬뿍 받으면서 자랐고, 에서는 장자로서 아버지 이삭의 사랑을 받으면서 자랐다. 에서는 매우 활동적인 반면 야곱은 정적(靜的)이었다. 에서는 여느 때처럼 사냥을 하러 나갔고, 야곱은 엄마를 도와 팥죽을 끓이고 있었다. 형 에서가 사냥을 하고 돌아와 너무나 배가 고픈 나머지 야곱이 끓이고 있는 그 팥죽 냄새가 너무나도 참을 수 없는 유혹으로 다가와서 팥죽 한 그릇 달라고 하였을 때 야곱은 다음과 같은 조건을 형 에서에게 제시를 한다. "형, 그럼 장자권을 내게 넘겨줄 수 있어? 그럼 내가 팥죽 한 그릇 줄 수도 있어."라고 조건을 만족시켜 주면 팥죽을 주겠다고 말한 것이다.

우스개 사건, 장난인 듯 쉽게 넘겨버릴 사건이라 생각할 수 있겠지만 그 끝은 어떠한가? 결국 장자권을 팥죽 한 그릇에 팔아버린 에서는 버림을 받게 되고, 아버지 이삭으로부터 장자가 받아야 할 축복을 야곱이 대신해서 다 받게 되고 야곱의 자손은 대대로 축복을 받게 된다. 야곱과 에서의 장자권 사건을 우리의 현실에서 일어난 실제 상황이라고 생각해 보자.

어떤걸 선택해야 하지?
난감하네.
잘못 선택했다가는 자칫 큰 일 치를 수도 있을 것 같은데..
고민이네~ ㅠ ㅠ

장난 같지만, 이 얼마나 황당한 거래인가? 진짜 말도 안 되고, 이해도 안 되는 거래라 생각될 것이다. 창업 후 우리에게는 견딜 수 없는 배고픔에 아무것도 생각할 수 없었던 에서의 어리석은 선택처럼 판단력이 흐려지면서 "내가 어떻게 그런 선택을 할 수 있었지?"라는 뒤늦은 후회를 할 수밖에 없는 상황을 아주 많이 겪게 될 것이다. 창업을 하게 되면 우리의 주변은 좋은 에너지를 가진 좋은 사람들의 도움도 있겠지만 그보다는 잘못된 선택을 할 수밖에 없도록 하게 하는 유혹들이 훨씬 많다는 것을 알게 될 것이고, 이러한 상황에서 창업자가 얼마나 냉정하고 현명하게 잘 선택하느냐에 따라 수천 만에서 수십억 원의 손실을 사전에 막을 수도 있다는 것을 알아야 한다.

가령, 자신이 가지고 있는 기술의 완성도를 높여 이제는 사업화 단계에 접어들었고, 본격적으로 제조생산을 위해 공장도 신축해야 하고 제조생산시설도 갖추어야 하는 상황이라고 가정해 보자.

토지매입, 공장신축, 기계시설자금, 공장준공 후 1회전 운전자금 등을 포함하여 총액 20억이 필요하다고 가정하고, 최소한의 자기 자금으로 30%를 준비하여야 하므로 6억 원은 있어야만 공장준공까지 원활히 문제없이 순항하게 될 것이다. 하지만, 언제나 변수라는 것은 있기 마련이다. 공사라는 것은 처음 예상 금액과 100% 맞아떨어지게 진행되지 않는다. 무엇이 되었건 추가가 된다. 이럴 경우 예비해 놓은 자기 자금이 추가된 공사만큼 더 추가되어야 하는데, 이런 상황에 맞닥뜨려진다면 여러분들은 과연 어떤 선택을 할 수 있겠는가?

상황은 다음과 같다고 가정해 보자.

- 공장은 2개월 이내에 준공이 되어야 고객사로부터 실사를 받아 협력사 승인을 득하면서 다음 달부터 곧바로 생산 및 납품을 통해서 매출을 올릴 수 있게 된다. 만약, 준공이 늦어지면 기회는 계속 사라지게 되고, 고객사에겐 신뢰를 잃게 된다.
- 이런 상황에서 자금 유입을 위해 내가 제공할 수 있는 것은 경영권 방어를 위핸 대표이사 지분 51%를 제외한 나머지 지분에 대한 부분과 회사의 미래 비전을 제시하는 것밖에는 없다.
- 유입시킬 수 있는 자금은 담보 없이, 신용 또는 주식 전체를 담보해서 대여해 주는 콜자금밖에 없다.

과연 여러분들은 어떤 선택을 할 것인가?

콜자금을 선택하겠다고 결정하신 분들은 바로 '야곱의 팥죽'을 선택한 것이나 다름없다. 벼랑 끝에 몰린 심정으로 급하니까 아무 생각도 나지 않고 눈앞에 놓인 자금만 보고 선택하게 되는 야곱의 팥죽인 것이다. 지금 내가 이런 상황에 처해 있다면 과연 여러분들은 사냥터에서 돌아온 배고픈 에서와 같은 어리석은 선택을 하지 않을 수 있겠는가? 당장의 배고픔과 힘듦을 이겨내려고 독약을 약으로 쓰는 것은 아주 잘못된 선택이고 판단인 것이다. 이때 당신이 해야 할 일은, 곧 있을 고객의 실사와 영업에 대한 기회손실이 걱정되어 초고리의 불법 사채자금이나, 회사를 빼앗겨 버릴 수도 있는 과도한 조건의 자금을 유입해서라도 공장을 짓겠다는 선택을 하는 것이 아니라, 고객사를 설득하고, 시공사를 설득하여 적기에 준공을 할 수 있도록 하는 최상의 전략을 차분하게 생각하고 찾아내야 하는 것이다.

바로 그 전략을 선택해야 하는 것이다. 절대 무리수를 두면 안 된다. 그렇게 무리수를 두고 선택한 야곱의 팥죽은 결국에 절대로 원하는 목표를 이룰 수 없고 머지않아 실패라는 것을 겪게 될 것이며 쓰디쓴 후회를 맛보게 될 것이다. 배고픔이 가져다주는 잘못된 판단보다는 배가 고플수록 냉정한 선택과 전략만이 당신의 창업 사업을 지켜내고 결국에 성공으로 이끌어 낼 수 있게 될 것이다.

🖥|02

성공에는
지름길이 없다

우리는 모두가 다 착각 속에서 살고 있다. 나는 가끔 티비를 볼 때 본 드라마를 보기 전 광고 시간에 채널을 돌려가며 홈쇼핑을 구경하곤 한다. 50이라는 나이를 속일 수는 없어, 역시나 건강기능식품들 광고를 유심히 본다.

"산수유, 남자한테 참 좋은데~. 정말 좋은데~. 어떻게 표현할 방법이 없네. 직접 말하기도 그렇고~."로 2,000억 원대 매출을 올리면서 당당하게 중견기업 반열에 오른 천호식품 김영식 회장과 홈쇼핑 단골손님이자 드라마 「사이코지만 괜찮아」, 「갯마을 차차차」 PPL 상품으로 시청자들 눈에 확실한 눈도장을 찍게 한 코피코 초콜릿과 알볼로 피자 등 성공적인 사례들을 보고 우리는 이렇게 착각을 하게 된다. 나도 창업만 하면 저렇게 될 수 있구나~~라고 착각을 한다. 절대 그렇지 않다.

　수많은 땀 흘림의 시간들, 시행착오, 물질적 사기도 당하고, 수많은 좌절과 고통 속에서 전전긍긍해 왔던 시간들 등의 과정을 밟고 견디면서 단 한 번의 외도 없이 오로지 한 아이템에 집중해서 결국에 일궈낸 결과로 지금의 위치에 서 있게 된 것이다.

　즉, 성공에는 절대로 지름길이 없다는 말이다. 나폴레옹의 말을 빌자면 "세상의 모든 지름길은 다 치러야 할 대가가 있다."라고 했다. 지름길을 찾아서 남보다 빠르게 가고 싶다면 그에 따르는 대가는 충분히 각오하고 있어야 한다는 것이다. 마음은 급하고, 물론 노력은 했다고 스스로에게 합리화나 위로는 할 수 있겠지만, 스스로를 양심에 비추어 얼마나 많은 피눈물을 쏟는 수고와 땀 흘림을 했는지 묻고 솔직해져 보자.

성공한 CEO들 현재의 결과만을 보고 허황된 꿈을 꾸지 말고, 성공한 CEO들이 어떻게 사업을 준비해 왔고, 어떻게 혹독한 겨울을 이겨내고 견뎌왔는지의 과정까지도 학습한 후 신중하게 창업을 결정해야 하고, 창업을 하였다 하더라도 지름길을 찾기보다는 수고스럽더라도 한 발 한 발 디딤돌 디뎌가면서 가는 것이 오히려 지름길이라고 선택해서 가는 것보다 빠르게 목표지점에 도착할 수 있을 것이다.

추가적으로 첨언을 더 해보자면, 혹시 내가 귀가 너무 얇아서 남이 하는 얘길 필터링 없이 그대로 받아들이고 믿어버리는 성향을 가지고 있는지도 한 번쯤 반성해 봐야 한다. 마치 주식이나 코인으로 돈을 벌었다고 하는 사람들 말에 쏙~ 빠져서 어느새 나는 그 사람이 내 안에 빙의(憑依, Spirit Possession)된 것처럼 그렇게 최면술에 빠져버린 적이 있지 않은지, 귀가 얇은 사람은 이미 최면술에 걸려서 겁이 없어지고 판단이 흐려져 옳고 그름이 사라져 버린다. 난 이미 엄청난 돈을 벌어 부러움의 대상이 된 사람처럼 환상에 잠기고 그렇게 현실과 착각을 구분 못 하다 결국 투자를 실행하게 되고, 끝내는 쓰디쓴 실패의 맛을 보고야 마는 어리석음을 늦게 깨닫게 된다. 이게 우리의 현실이고 남의 이야기가 아니라는 점이다.

🪑 | 03

해발 8,848.86m
에베레스트 산을 오르는 것과
창업의 관계

지구 상에서 가장 높다고 하는 해발 8,848.86m의 에베레스트 산을 오른다고 가정해 보자. "너무 터무니없는 비유 아니야?"라고 할 수 있겠으나 실제 창업이라는 것은 이 정도의 산을 오르는 것만큼 힘들다는 점에서는 충분히 비교할 만하다 하겠다. 에베레스트 산을 오르기 전 한 번도 산이라는 곳을 올라보지 못한 사람이라면 그야말로 무모하기 짝이 없는 짓을 아무렇지도 않게 시작한 것이나 다름없다 하겠으나, 산악회 등을 통해서 언제나 산이라는 것에 친숙해 있는 사람이라면 충분히 도전해 볼 만하다 할 것이다.

이제 에베레스트 산을 오르는 첫발을 내디뎠다고 생각해 보자. 오르는 과정을 창업하는 것에 비유하여 다음의 표와 같이 정리할 수 있을 것이다.

에베레스트 산 등반	창업	비고
등반 준비	시장조사, 분석 등	창업자의 자질 체크
산을 오른다	창업 개시	
숨이 차고 다리가 아파져 온다	끈기와 인내심	1차 내적 장애물
가슴에 통증이 시작되고, 다리 통증이 심해진다	끈기와 인내심	2차 내적 장애물
길이 험하고 영하 40도의 날씨와 눈보라 시작	포기하고 싶고, 정상에 오를 수 있는지에 대한 의심	3차 내적 장애물 1차 외적 장애물
육체적 고통 극심, 강한 바람과 눈보라, 앞이 보이질 않는다	부정적인 생각이 지배적, 포기를 선택	4차 내적 장애물 2차 외적 장애물
육체적 마비 상태 심각한 눈보라 사태	포기 결정	내외적인 환경요인에 의한 포기 결정

위의 표는 산을 오를 때 자신의 육체에 가해지는 고통과 내적인 계속되는 싸움과 눈보라와 눈사태, 태풍 등의 외적인 환경요인이라는 두 가지 요인에 의해 결국 에베레스트 산 정상을 밟는 것은 실패를 하였다는 것이고 이를 창업에 비유하면 결국 내외적인 요인에 의해 창업 실패라는 결론에 도달했다는 것으로 결론지어진다.

첫발을 내디딘 그 느낌과
그 초심으로 포기하지말고 한걸음
씩 걷다보면 어느새 저곳에
다다라 있겠지~

    위의 표를 통해 우리가 공통적으로 캐치할 수 있는 내용은 이렇게 요약할 수 있다. 아무리 산에 오르는 경험치가 높다 하여도 단 한 번도 올라보지 못한 너무도 험난한 산을 오르다 보니 스스로의 인내력과 한계를 극복하지 못한 내적 요인과 예측할 수 없는 외적 환경요인에 의해 부득이 산을 오르는 것을 중단할 수밖에 없었다는 것과 이를 창업으로 비유하자면 결국 인내의 한계와 의지의 부족, 그리고 천재지변적 외적 요인에 의해 실패할 수밖에 없었다는 것으로 요약할 수 있겠다.

    우리는 이와 같이 무모한 도전은 시도조차도 하지 말아야 한다는 것을 알아야 한다. 하지만, 무조건 하지 말라는 것은 아니다. 자신의 적성과 충분히 맞고 실패라는 것에서 두려움이 없을 뿐 아니라 오기와 끈기, 의지 등 창업자가 갖추어야 할 덕목을 갖추고 있다면 당연히 시도하는 것에는 찬성한다. 창업이라는 것은 자신이 가장 잘할 수 있는 일과 충분히 견뎌낼 수 있는 인내심, 오기와 끈기, 의지 등의 자질이 충분한지에 대한 검증 후에 시작해야 한다는 것이다. 시도해 보지 않고 실패하는 것과 시도해 보고 실패하는 것에는 매우 큰 차이점이 있다.

외적환경에 의한 실패는 실패가 아니다. 천재지변적인 요인으로 게임처럼 쉴드라는 아이템이 있지 않은 한 절대로 방어할 수 없는 요인일 것이기에 실패라는 것은 당연한 결과이다. 하지만, 문제는 실패를 결과로 끝내버리는 것과 과정으로 남겨서 다시 시도하여 이전의 실패가 밑거름이 되게 하는 것은 차이가 크다. 우리는 한 번에 에베레스트 산을 오르겠다는 생각보다는 여러 차례 실패를 통해 많은 경험치와 방법, 전략 등을 깨우쳐 결국엔 에베레스트 정상에 오를 수 있게 조금씩 가까워지는 것에 초점을 두어야 한다는 것이다.

🪑 | 04

잘못된 열정과
잘못된 선택이 불러온 화禍

BBC NEWS Korea   2022년 11월 19일

GETTY IMAGES

▶ 법원에 출석하는 홈스

테라노스: '실리콘밸리 최대 사기극' 벌인 엘리자베스 홈스, 징역 11년 선고

출처 : 위 뉴스와 사진은 'BBC NEWS 코리아'에서
2022년11월19일자에 보도된 내용임

창업을 준비하고 있다면, 또는 창업을 이미 하였다 하더라도 마이클 쇼월터 제작의 실화를 바탕으로 한 미국 드라마 8부작 「드롭아웃(Drop Out)」을 한 번씩은 봤으면 하는 추천을 하고 싶다. 드라마 속에서는 아만다 사이프리드가 실재 인물 엘리자베스 홈즈 역을 맡아서 주연 역할을 했는데 마치 실재 인물인 엘리자베스 홈즈인 듯 엄청난 감동적인 연기를 해서 더욱 인상 깊게 시청한 것 같다. 드라마를 보다 보면 나도 모르게 범죄인 줄 알면서도 그렇게 할 수밖에 없지 않았는가 하는 동정의 한 표를 던지게 되는 사람들이 있는가 하면, 아무리 그렇다고 해도 도덕성까지 무너뜨릴 수는 없다는 사람들도 있을 것이다. 이렇듯 이 영화는 동전의 양면처럼 두 가지의 선택과 감정을 갖게 만드는 영화였던 것 같다.

　　「드롭아웃(Drop out)」이라는 영화의 줄거리를 소개하고자 한다. 이 영화를 보면 잘못된 열정과 선택이 불러온 희대의 사기 창업으로도 불릴 만큼 엄청난 사건이었음을 알 수 있게 될 것이다.

　　아래 영화 내용은 디즈니플러스 드라마 「드롭아웃(Drop out)」 줄거리를 인용한 것이다.

　　희대의 사기꾼이라 하는 실존 인물인 엘리자베스 홈즈는 2002년 스탠퍼드 대학교 화학공학 전공으로 입학하였다. 드라마를 보고 있자면 홈즈는 대단히 똑똑하고, 하는 일은 끝까지 밀어붙여서 결국에는 해내고야 마는 근성이 있는 인물이라는 것을 알 수 있다. 그녀의 꿈은 빌 게이츠처럼 큰 돈을 벌어 억만장자가 되겠다는 야망이 있었고, 그 이유 하나로 앞만 보고 수단과 방법을 가리지 않고 자신의 야망을 이뤄나가는 것을 보게 된다.

엘리자베스 홈즈는 스탠퍼드 대학교 화학공학과 2학년 중퇴를 하고 자신이 창업하겠다고 확신에 찬 아이디어를 현실화시켜 나가고자 엄청난 에너지를 쏟으며 함께 일할 파트너와 투자자들을 찾아가 굽히지 않는 근성을 보여주어 결국에 목표하는 바를 이뤄내고야 마는 정말 독하다고 할 정도의 열정을 가진 사람이라는 것도 알 수 있게 된다. 엘리자베스 홈즈는 혈액을 채취해서 질병을 진단해 내는 방법이 편리하고 정확성도 있다고는 하지만 적지 않은 양의 피를 채취하는 걸 눈으로 직접 보다가 이것은 아닌 것 같다는 생각을 하게 된다.

어떤 사람은 피를 보는 것에 심한 공포감을 가지고 쇼크를 일으키기도 하고, 그런데 손가락을 살짝 찔러 나오는 몇 방울의 피로 192개의 질병을 진단할 수 있는 획기적인 진단키트 기술이 있다고 한다면 적정량의 피를 채취할 때 느끼는 공포에서 해방될 수 있을 것이다. 그러니 진단을 받아야 하는 소비자 입장에서는 공포에서 벗어나고 기업인 입장에서는 간편한 방식으로 진단받으려는 수요가 늘어나니 양쪽 다 환호가 터져 나오는 게 당연한 일이었다.

그런 꿈같은 일을 실현시켰다고 어찌 보면 망상가일 수도 있었던 여성벤처기업가가 바로 엘리자베스 홈즈였다. 그녀의 창업의 시작은 외지고 험한 곳에 낡고 버려진 창고를 수리해서 '테라노스(Theranos)'라는 회사를 설립하고, 사업을 시작하는데도 자신의 학자금으로 마련해 둔 돈과 부모님, 그리고 친인척이나 지인들로부터 자금을 후원받아 아주 초라하게라도 시작하게 되었다. 그러나, 그 돈도 금세 바닥이 나고 안정적으로 연구하기 위해선 더 큰 자금이 필요했다. 투자자를 끌어들여야 하는데 여기저기서 투자금을 받으려고 했지만, 엘리자베스의 경험 부족, 전문성 부족, 실험 결과의 타당성 문제, 완성된 시제품 없음 때문에 쉽지 않았다. 그래도 해내겠다는 야심과 집념, 탁월한 설득력으로 결국 돈 루커스라는 거물급 투자자를 끌어들이게 된다.

사기행각은 지금부터 시작이 된다.

스위스 바젤에 가서 투자자들에게 실험 시연을 해야 하는데 알 수 없는 이유로 시연을 코앞에 두고 또다시 진단 기계가 계속 Error를 일으키게 된다. 엘리자베스는 이 문제를 해결하기 위해 처음 시연했을 때의 정답 값을 미리 준비된 진단 결과로 데이터를 조작하여 투자자들을 속이기로 한다. 이로 인해 결국 목표한 거액의 투자를 받게 된다. 마치 자신이 목표했던 바를 다 이룬 것마냥 성공증후군에 걸린 듯 자신의 사기행각을 정당한 것으로 무마시키면서 본격적인 사기행각이 시작된다.

엘리자베스 홈즈의 진단방식은 놀라운 정도로 환호를 받았고 계속적인 투자유치로 2014년에는 90억 달러(한화로 약 10조 원)의 가치 기업으로 성장하게 된다. 그녀는 탁월한 인맥경영으로 월그린즈(Walgreens, 미국의 최대 약국 체인)까지 손을 뻗치게 되고, 자신의 빅픽처를 설명하는데 월그린에서는 고객이 매장에 방문했다가 손쉽게 편리하게 질병의 진단까지 받는다는 꿈같은 일에 독 사과일 것이라는 단 1%의 의심 없이 엘리자베스와 손을 잡고 사업을 하기에 이른다. 사기를 치겠다고 마음먹고 덤비는 엘리자베스를 보고 누구라도 당하지 않을 수 없었을 것이라는 생각에 소름까지 돋았다.

결국 그녀의 거짓된 진단키트 기술은 회사 안에서부터 무너지기 시작한다. 함께 공동 창업했던 연구소 박사들에게 계속되는 거짓된 실험과 실험 데이터의 조작을 강요하게 되고 결국 참지 못한 박사들이 엘리자베스를 설득시켜 이쯤에서 그만두고 다시 새롭게 정직하게 시작해 보자고 제안하지만 오히려 권고사직을 하게 되는 역효과가 나타나는 등 자신의 행동에 대해 초지일관 거짓으로 계속 포장을 해나갈 수밖에 없다는 것과 이제는 더 이상 돌이킬 수 없는 지경에 이르게 된 상황이라고 자기 합리화를 하기에 이른다. (중략) 2016년 2월 CMS(Centers for Medicare and Medicaid Services, 미국 보건의료재정청)가 테라노스(Theranos)에 진단키트 기술과 경영상 심각한 문제가 있다는 증거를 발견했다면서 모든 실험을 2년간 잠정 중단할 것을 공식적으로 요구하고 결국 2018년 미국증권거래위원회는 엘리자베스와 테라노스를 기소하게 된다.

11년 이상의 중형을 선고받게 되면서 드라마는 끝을 맺는다.

비행기도 이렇게 쉽게 접고
쉽게 버리고 또다시 접고..
그랬으면 좋겠다.
이 아이디어로 투자를 한번
받아볼까?
너무 허황된 아이디어인가?

솔직히 「드롭아웃(Drop out)」 영화를 보고 나서 창업 아이디어도 좋고, 창업자가 가져야 할 기본 자질도 충분히 다 가지고 있다고 해도 전혀 손색이 없었던 엘리자베스 홈즈가 왜 이렇게까지 희대의 사기꾼이 될 수밖에 없었을까 하는 생각을 해보았다. 창업에 대한 잘못된 열정과 목표 의식, 그리고 잘못된 창업가 정신이 이러한 결과를 가져오지 않았는가 하고 생각해 본다. 과정을 무시하고 무조건 돈만 벌면 된다는 아주 잘못된 생각과 창업 의식이 가져온 결과라고 이해해도 좋겠다.

이나모리 가즈오 회장이 쓴 『왜 사업하는가』라는 책을 보면 '성공적인 사업가는 강한 열정만이 전부는 아니다. 하나씩 성공을 쌓아가는 과정에서 인간성, 인생관, 철학을 다듬고 성숙시켜 스스로 떳떳한 경지에 올라야 한다'라고 했다. 또 너무 극단적으로 목표를 달성하고자 기를 쓰다 보면 그것이 위법행위로 이어져 결국 몰락에 이르는 원인이 되기도 한다고 했다. 이 얼마나 정확한 일침인가?

엘리자베스 홈즈가 이나모리 가즈오 회장의 경영클럽 등에 시간을 투자해서 올바른 경영자로서의 자질을 꾸준히 자문받고 그렇게 자신을 바꿔나갔다면 혹시 모를 지금과는 전혀 다른 결과의 길을 가고 있지 않을까 하는 생각을 해본다.

🪑|05

말을 아끼고,
경거망동 輕擧妄動 하지 말라

창업을 한다는 것 자체가 신세계에 발을 들여놓은 것이나 마찬가지이다. 그러다 보니 그 신세계에서 일어나는 하나하나가 이야깃거리가 될 수밖에 없다. 자신도 모르게 많은 얘기를 하게 되어 있다. 지킬 수 없는 약속도 하고, 회사가 나아가야 할 원대한 꿈도 자아 만족을 위해 화려하게 다 쏟아낸다. 말은 뱉어내는 순간 엎질러진 물처럼, 절대로 주워 담을 수가 없다는 것을 새삼 뼈저리게 느끼게 된다. 그때는 이미 늦은 후회라는 것도 알게 된다. 그렇게 자주 자신의 모습을 경거망동하게 너무도 쉽게 드러내 보이고 쉬이 말을 던지게 되는 순간부터 이미 창업자로서의 자세가 무너져 있다고 보면 되는 것이다.

바둑에서 프로와 아마추어(Amateur)가 함께 대전을 한다고 할 때 프로가 아마추어(Amateur)에게 몇 점 깔아주고 시작하는 경우와는 다르다. 이미 냉정하기 그지없는 시장에 발을 들여 더 이상 물러설 수 없는 벼랑 끝에서 창업을 시작했다는 것을 절대로 잊어서는 안 된다. 말과 행동을 일치시키지 않고, 자아충족과 만족을 위해 너무도 많은 것을 잃어버릴 수 있다. 나와 내가 하려고 하는 창업계획은 이제 막 태어난 갓난아이와 같다. 그 갓난아이가 스스로 할 수 있는 게 무엇이 있겠는가? 엄마 젖을 입에 물고 결국에 스스로 일어서서 걸어 다니고 뛰어다닐 수 있을 때까지 계속 먹고 충분히 성장했다 싶을 때 그때 내가 할 수 있는 것을 부모에게 보여주는 것이다. 그게 창업자가 가져야 할 중요한 덕목 중 하나라 생각한다. 이뤄진 것도 하나 없고, 이루고 있는 과정에 있는 것을 마치 다 이뤄서 이미 상장이나 된 것처럼, 이미 수백억을 다 벌어놓은 성공한 사업가의 성공 스토리를 얘기하는 것처럼 그렇게 경거망동하는 순간부터 이미 아마추어 주제에 프로에게 바둑돌을 몇 점 깔아주고 대전을 시작하는 말도 안 되는 상황의 연출이라는 것과 다를 게 없다는 것을 알아야 한다.

창업자는 무조건 겸손과 낮은 자세를 가지고, 가장 밑바닥에서부터 자신이 창업하고자 하는 사업계획을 시장의 변화에 민감하게 주시하면서 계속 연구하고 분석하는 행동을 반복하여 결국 시장을 꿰뚫어 침투할 수 있는 통찰력을 키워야 한다. 시장은 냉정하다. 일체 배려가 없다. 실패하는 순간 그 모든 물질적 정신적 책임은 창업자 혼자 다 짊어져야 한다. 시장은 단 한마디 위로조차도 하는 법이 없다. 기대조차도 하지 않아야 한다. 그렇다고 실패했다고 포기하라는 것은 아니다. 하지만 실패하지 않기 위한 체크리스트를 만들어 꼼꼼한 계획과 실천으로 시장을 이겨내고 결국 침투 및 안착(安着)에 성공해야 한다. 에익 리스가 쓴『린 스타트업』에서 소개되어 있는 내용을 인용하자면 린 스타트업 자체의 정체성은 '아이디어 → 제품 → 시장학습 → Feedback' 과정을 계속 반복하여 결국에 창업자의 상품이 머물러야 할 Market Position을 찾아야 한다는 것이다.

그렇다. 신세계에 접어들어 꿈꾸고 있는 듯 하루종일 심장이 두근거리고 들뜬 기분은 잠시 내려놓고 스스로를 냉정함으로 채찍질하여 차분하게 자신이 사업 아이템이나 제품을 포지셔닝 할 타겟 마켓과 또 그 마켓을 세분화하여 어디에서부터 시작할 것인가를 정확히 분석하여 자신의 사업 아이템이나 제품을 갖다 놓는 것이 매우 중요하다. 절대 서두르지 말라. 시작은 빨랐을지라도 단거리 육상선수가 아닌 장거리 마라톤 선수라는 것을 잊지 말고 호흡을 가다듬고 자신만의 패턴으로 성공적인 창업을 이뤄나가야 할 것이다.

말을 앞세워 드러내기보다는 글로 쓰고, 그리고, 스케줄링하고 실행 계획서를 수립해 보고 전문가의 도움도 받아보는 등, 무게감 있는 행동으로 내실을 튼튼하게 하는 것이 중요하다. 경거망동으로 성공한 창업가는 단 1명도 없다. 시장은 예외라는 것이 없다. 아무리 금수저로 태어났다고 하더라도 부자 3년 못 간다는 속담이 왜 나왔겠는가, 다 이유가 있다. 정신 차리지 않고 경거망동하고 흥청망청, 긴장감 없이 아무렇게나 쉽게 말하고 행동하는 사람이 얻을 수 있는 것은 결국 실패와 고통이라는 쓰디쓴 패배의 맛밖에는 없다는 것 명심하고 다시 한번 각오를 다지고 차근차근 단계별로 전진해 나갈 수 있어야 한다.

필자가 겪은 경험담의 일부이다. 우리의 정신세계를 너무도 깜짝

놀라게 했던 영화 중 하나로 마블 시네마틱 유니버스의 장대한 서막을 열게 한 작품인 「아이언맨」을 기억하고 있을 것이다. 그 영화를 안 본 사람이 누가 있을까 할 정도로 매우 유명하다. 이제는 주연을 맡았던 로버트 다우니 주니어가 아이언맨과 하나가 된 것처럼 우리 머릿속엔 그렇게 포지셔닝 되어버렸다 해도 과언이 아니다. 영화를 보다 보면 토니 스타크 가슴에 있는 아이언맨의 힘의 원천인 '아크 리액터(Arc Reactor)'를 기억하고 있을 것이다. 생소하기도 하고 무척 흥미롭기도 했을 것이다.

출처 에듀진. "아이언맨 심장의 비밀, '팔라듐'을 아시나요?". 2019.07.26.
| (http://www.edujin.co.kr/news/articleView.html?idxno=31366)

아크 리액터(Arc Reactor), 즉 원자로라 하니 혹시 방사선에 노출된다거나 하는 위험성에 대해서도 걱정해 본 분들도 있었을 것이다. 하지만, 깨지거나 부서져도 방사선 누출은 일체 없다는 것도 영화를 통해 알았을 것이다. 영화를 보면 아크 원자로 하나로 리펄서 빔도 쏘고,

하루종일 날아다니고 전투를 해도 꽤나 오래도록 그 힘을 유지시킬 수 있는 것을 보았을 것이다.

그렇다면 아크 리액터(Arc Reactor)가 어떤 기술인지를 잠깐 알아보자. 그래야 필자가 말하고자 하는 바를 이해할 것이기 때문이다. 아크 리액터라는 단어를 검색엔진을 통해 키워드 검색을 해보면 다음과 같이 정리가 되어 있을 것이다. 아크 원자로, 다른 말로 아크 리액터는 플라즈마 아크+원자로 핵 반응기를 합친 말로서 뉴 클리어 리액터에서 가져온 단어이다. 플라즈마 아크라는 말도 생소할 것인데, 간단히 원자로의 핵융합 반응을 통해서 에너지를 생산하는 것이라 알고 있으면 된다.

필자에게 어느 날 열정 냄새가 풀풀 나는 창업자 한 분이 찾아왔다. 자신이 아이언맨의 아크 리액터를 만들었고, 실험에 성공해서 이제는 곧 무한동력과 무한 에너지의 장을 새롭게 열 수 있게 되었다면서 자문을 요청해 왔던 사건이 있었다. 커다란 빨간 통에 연구실험을 통해 개발한 샘플(랩 샘플)이라 하면서 보여주었다. 장황하게 설명하면서 결국에 박근혜 정부 때 설립된 미래창조과학부로부터 7억 원이라는 지원금을 받아내기 위해 이렇게도 열심히 연구해 왔던 것이고 필자에게 이 일을 맡겨보고자 찾아왔던 것이다. 이 일이 있기 이전에도 인공위성에 들어가는 굉장히 중요한 부품 하나를 국산화하는 데 성공했다는 분도 있었지만 이 분 역시도 자신이 개발한 기술에만 집중되어 있고 외골수적인 안목에만 의지하여 한 방향으로만 달려온 사람처럼 보여 안타까웠다.

아크 리액터의 원리, 즉 상온에서의 핵융합이 성공되어야만 이 꿈의 기술이 현실화될 수 있을 것인데, 상온에서의 핵융합이라는 것은 자연 상태에서 태양이 가지고 있는 열과 압력이 거대한 공간 안에서만 일어날 수 있는 현상인 만큼 상온에서의 핵융합이라는 것은 막대한 자본과 세계 최고의 두뇌를 가진 박사들을 NASA라는 곳과 같은 곳에 가둬두고 평생을 연구하여야만 결국 그 기술의 근처에나 가볼 수 있는 그런 꿈의 기술일 것인데, 그 개발자(창업자)는 빨간 통에다가 아크 리액터라 하여 샘플 하나 만들어서 세계를 놀라게 하겠다는 생각은 필자가 느끼기에는 가상하다 말고 황당하기만 하였었다. 인공위성 핵심부품 제조 기술로 창업을 했고, 머지않아 성공과 부와 명예를 얻을 수 있다는 확신에 찬 창업자분과 꿈의 기술이라 하는 아크 리액터 기술로 창업을 하겠다는 두 분의 공통점이 무엇이겠는가?

에릭 리스의 창업자를 위한 백서라고 할 수 있는 『린 스타트업』에서 강조하고 있는 '학습(시장분석, 테스트 등)'이라는 것을 완전히 배제한 창업이었다는 것에서 결국 실패를 확정 지어놓고 갈 수밖에 없었다는 창업 실패사례였던 것이다.

📖 | 06

맷집은 많이 맞아본
사람만이 가질 수 있는
선물이다

　맷집은 어떻게 생기는가? 권투에서 승자의 대부분은 강력한 원투 펀치를 가지고 있는 것도 중요하겠지만 맷집도 대단히 중요하다는 것을 잘 알 것이다. 맷집이 없으면 아무리 강한 펀치를 가지고 있다 해도 라운드 횟수가 지날수록 되려 K.O 당할 확률이 훨씬 높아진다는 것이다.

　그만큼 맷집은 매우 중요하다. 비단 권투에서만 맷집을 요구하는 것은 아닐 것이다. 그렇다면 권투에서만 맷집이 필요한 게 아니라면 어느 분야에서 또 맷집을 가장 필요로 하는지 잠깐 생각해 보자면 바로 창업에서도 역시 맷집이 굉장히 필요한 요소라는 것을 알 수 있을 것이다. 창업에서 맷집은 어떻게 생기는 것일까? 그 답은 바로 실패라고 할 수 있겠다.

실패는 권투로 비유하자면 상대 선수가 뻗은 훅이나 스트레이트에 정통으로 관자놀이나 복부를 강타당하고 쓰러져서 K.O 패를 당했다는 것이다. 시합 나가기 전에 훈련하는 장면이 곧잘 소개되는데 그 과정을 보게 되면 펀치를 날리는 훈련도 있지만 맞는 훈련도 한다는 것을 알 수 있다. 이유는 상대 선수가 뻗은 펀치에 혹여 강하게 맞았다 하더라도 그 충격을 견디고 다시 시합을 계속하여 결국엔 승리를 하겠다는 강력한 각오와 의지 때문일 것이다.

우리의 창업 또한 권투와 너무도 흡사하다. 많이 맞아봐야 한다. 많이 부딪히고 넘어지고 또 일어서고 견디고 그러다 보면 이겨내는 지혜를 얻게 되고, 실패의 경험이 가져다주는 견디는 맷집이 계속 딱지처럼 굳어져서 결국에는 실패라는 것을 딛고 성공의 반열에 오르게 되는 것이다. 이 원리는 창업이 권투 시합하는 것과 다를 게 없다는 것이다.

필자는 동물의 왕국을 자주 본다. 우연히 벌꿀오소리(라텔, Ratel)를 보게 되었는데, 창업을 준비하는 사람들은 꼭 한 번쯤은 이 벌꿀오소리의 오기와 깡, 두려움을 모르는 저돌적인 성격을 보고 느끼는 게 있었으면 하는 바람도 가져본다. 벌꿀오소리도 야생의 치열한 먹이사슬 세계에서 살아남기 위해 나름대로 터득한 생존본능일 것인데, 너무나도 공감이 가는 성질을 가진 동물이라는 점에서 필자는 창업자들이 가져야 할 요건 중 하나가 벌꿀오소리의 깡과 오기, 저돌적인 행동이라고 설명하기도 한다.

🪑 │07

이나모리 가즈오 회장의
성공적인 창업자세
세 가지

경영자들이 존경하는 최고의 경영자, '살아있는 경영의 신' 등 그분에게 붙은 애칭만 보더라도 어떤 분인지 알 수 있을 듯하다. 이나모리 가즈오 회장은 1959년 자본금 3,000만 원으로 첨단 전자부품 제조업체 교세라를 창업하여 연 매출 16조 원, 종업원 7만 명 규모의 글로벌 기업으로 육성시켰고, 1984년에는 허를 찌르는 경영전략으로 시장 독점 경쟁사를 물리치고 신생 통신업체 다이니덴덴을 연 매출 50조 원의 거대 기업으로 키워냈다. 77세의 나이에 일본 수상의 간청으로 파산 위기에 몰린 일본항공(JAL) 회장 자리에 취임해 8개월 만에 24조 원의 부채를 청산하고 흑자로 전환시켰다.

위의 내용은 '이나모리 가즈오 회장'이라고 검색을 하거나 그분께서 쓴 책『왜 사업하는가』,『왜 리더인가』,『왜 일하는가』라는 시리즈 책을 구입해서 읽게 되면 앞에서 언급한 이나모리 가즈오 회장에 대한 소개가 거의 엇비슷하게들 소개해 놓은 것을 알 수 있다. 책에 대한 소개도 있겠지만 개인적으로 그분의 약력도 가볍게 언급하고 싶어서 「위키백과사전」에서 검색한 내용도 소개를 해본다.

이나모리 가즈오(일본어: 稻盛和夫 1932년 1월 21일[1] ~ 2022년 8월 24일)는 일본의 기업인으로 교세라, 다이니덴덴 (현 KDDI)의 창업주이며, 일본항공의 회장을 역임했다. 처는 우장춘의 4녀 아사코이다(우장춘 박사의 사위).

2022년 8월 30일 향년 90세의 나이로 별세하셨다는 내용의 기사를 접하게 되었다. 지구 상에 존재한 가장 존경받은, 가장 위대한 경영자 중 한 분이 세상을 떠나신 것이다. 별세하셨다는 소식을 접하면서 생전에 한 번만이라도 찾아뵈어 경영지도를 받아보았다면 어떠했을까 하는 아쉬움을 달래보기도 하였다. 이분이 쓴 책 중『왜 사업하는가』라는 책 104페이지~110페이지까지의 내용을 보면 이런 내용이 있다. 이 내용은 기존 기업의 신규 사업 진출도 해당되는 내용이겠지만 어쩌면 창업을 준비하는 예비창업자들에게 더 절실하게 필요한 조언일 수 있겠다는 생각이 든다.

103페이지에 '뒤꽁무니를 쫓는 건 당신이 할 일이 아니다'라는 소제목으로 '(중략) 기업이 발전과 혁신을 멈추고 이미 이룩한 업적을 지키는 일에만 관심을 두면, 그때부터 쇠퇴의 조짐이 싹트기 시작한다. 그렇게 되지 않기 위해 계속적으로 변화하고 성장하고 있는 시장에 대한 민첩한 대응과 생존전략을 통해 라이프타임(Lifetime)을 유지할 필요가 있다. 경영자는 늘 도전자가 되어야 한다. 도전에는 늘 큰 위험이 따른다. 리스크를 견딜 수 있을 만큼의 탄탄한 재무구조를 갖춘다'는 분명한 원칙을 조건으로 한다는 내용이 있다. 재정적인 뒷받침 없이 무작정 도전하는 것은 만용일 뿐이다. 벤처기업의 경영자는 항상 '새로운 것'에 도전하는 사람이어야 한다. 하지만 넘칠 듯한 희망과 한없는 꿈을 미래에 그리는 사람(망상가)이 되어서도 안 된다.

위 내용을 좀 더 직설적으로 표현하면, 꿈이 현실이 되게 하려면 강렬한 의지와 열정이 필요하다. 어떠한 역경이 있어도 그것을 뛰어넘으려는 사람, 성취할 때까지 끝까지 해내려는 강한 의지가 뒷받침되어야만 새로운 사업(창업)에 대한 성공을 맛볼 수 있을 것이다. 하지만, 탄탄한 재무(자기자본 보유 능력)를 분명한 원칙으로 고려해야만 한다는 것이다.

이나모리 가즈오 회장은 이 책을 통해서 창업자에게 필요한 세 가지 요소를 첫째는 간절한 소망, 둘째는 책임감, 셋째는 의지로 정의해 놓았다. 미래의 성공한 자신의 모습에 대한 간절한 소망과 어떤 일이 있어도 반드시 이뤄내고야 만다는 책임감, 그리고 어떤 경우라도 끝까지 이겨내고 버텨낸다는 강한 의지로 요약해 놓았듯이 창업을 꿈꾸고 있는 예비창업자들에게 필수적으로 필요한 요소임에는 틀림이 없다는 강한 확신과 함께 이 책을 반드시 구입해서 읽어보라는 조언도 곁들이고 싶다.

CHAPTER

5

창업,
이스라엘을
배우자

🎤 | **01**

도전과 긍정으로
바뀌어야 할
대한민국 창업문화

크레듀 출판사를 통해 출판된 『후츠파로 일어서라』라는 책을 먼저 소개한다. 왜? 삼성이나 LG와 같은 대기업 중심으로 흘러가는 시장보다 소규모의 창업을 적극적으로 지지하는 나라가 세계라는 무대에서 훨씬 강하고 큰 나라로 부각되고 있을까? 창업, 누구나 시작은 할수 있지만 아무나 성공할 수 없기에 쉽게 시도하지 못하는 것으로 정의되어 버리는 대한민국, 창업하고 싶어도 마땅히 재원 마련하기란 하늘에서 별 따는 것만큼 힘든 나라. 자신의 아이디어를 세상에 펼쳐보이기 위하여 부푼 꿈을 안고 스타트업(Start Up)해 보지만 아주 짧은 시간 안에 계획, 실행, 그리고 미래에 다가올 큰 비전을 꿈꾸기보다는 형식과 제도적 테두리에 갇혀버리는 현실의 장벽에 좌절감을 맛볼 수밖에 없는 창업환경이라는 것을 뼈저리게 느끼게 된다.

은행은 담보 아니면 어떤 경우라도 재원 조달이 힘들고, 그런 이유에서 국가에서 마련한 제도가 신용보증기금이나 기술보증기금, 중소기업진흥공단, 소상공인시장진흥공단, 신용보증 재단 등을 설치해서 보증서 발급을 통해 담보를 대체하여 주고 우수한 아이디어의 사업화의 문이 쉽고 빠르게 시장에 안착할 수 있도록 하겠다는 좋은 취지였겠지만 결국 평가의 문은 은행 못지않게 높아 그 문턱에서 수없이 많은 창업 아이디어들이 묻혀버리고 사라져 버리는, 그야말로 창업 아이디어들의 데스밸리(Death Valley)나 다름없는, 창업하기 무척 힘든 환경이라는 것을 한 번쯤은 느끼고 경험해 보았을 것이다.

이스라엘이라는 나라를 살펴보자.

- 우리나라보다 훨씬 작고(실제 충청도만 한 면적에 인구는 770만 명에 불과), 자연조건이 열악한 나라, 소설가 마크 트웨인은 이곳을 여행한 후 '침묵과 슬픔에 잠긴 황량한 땅'이라고도 묘사했다.
- 중동에서 유일하게 석유가 나지 않는 나라.
- 1년 내내 전운이 감도는 나라, 하지만 세계 노벨상의 22%의 인물을 배출하고 있고, 나스닥에 40% 이상의 기업을 상장시킬 정도로 세계 최강의 IT 강국의 나라.
- 인텔 인사이드처럼 그들이 지향하는 '이스라엘 인사이드'가 실제 실현되고 있는 나라.

이스라엘은 우리나라와 너무도 많은 부분에서 흡사하다. 광복절이 같고, 자원이라고는 자급자족하거나 전량 수입에 의존할 수밖에 없는 척박한 땅, 하지만 전 세계적으로 유례없는 우수한 인적자원을 보유하고 있는 나라라는 점에서 매우 흡사하다. 지금 현실은 어떠한가? 김대중 전 대통령께서 받으신 노벨 평화상 외엔 단 한 명의 노벨상을 수상한 인재를 배출하지 못하고 있다는 것과 나스닥에는 불과 세 개의 기업 밖에 상장되어 있지 못한 나라 아닌가?

『후츠파로 일어서라』책 내용에서도 소개가 되어 있지만 척박한 불모지의 땅에서 개발한 이스라엘의 농업기술은 세계 최강의 농업국을 이룩하여 물 한 방울 나지 않은 나라가 덴마크를 포함한 여러 유럽국과 우리나라까지 하이테크 농업기술을 수출하기까지 하는 말도 안 되는 현실을 경험하고 있다는 것에 우리는 부끄러워해야 하고 교훈을 얻어야 한다. 또한, 전 세계 가정의 TV 앞에 놓인 셋톱박스의 보안 알고리즘의 70%가 이스라엘의 기술이다. 매일 전 세계에서 개통되는 IPTV, 케이블 TV의 가구 수만큼 꼬박꼬박 로열티가 이 나라로 흘러 들어간다는 것을 상상해 보라. 그 밖에도 의료 장비, 휴대폰, 각종 의약품, 인터넷 기반 소셜 네트워크, 친환경 에너지, 대형마트에서 무심코 지나지만 안타깝게도 장바구니 앞에 놓인 계산대조차도 이스라엘 기술이 박혀 있지 않은 곳이 없을 정도로 그들은 진정 '이스라엘 인사이드'를 실현시켜 버린 것이라고 소개되어 있다.

유니콘기업이 된다는것?
뭐가 그리 어렵다는 것인지?
젊은 두뇌들을 스타트업으로 이끌
수 있는 정책이 중요해~ 엉뚱한곳
에다 쏟아부으니 효과가 전혀 없
지요~!!!

이스라엘의 젊은이들은 맘에 드는 여성을 만나면 그날 해가 지기 전에 프러포즈를 하고, 사업 아이디어가 떠오르면 그 주가 지나기 전에 창업한다는 말이 있을 정도라고 한다. 이스라엘에서는 창업 아이디어가 떠오르면 우리나라와는 달리 실패에 대한 두려움보다는 투자 유치를 할 수 있는지에 대한 생각을 먼저 한다고 한다. 투자사로부터 투자에 대한 거절이 되었을 때도 포기하지 않고 자신의 아이디어가 무엇이 문제가 있어서 투자가 안 되는지 검토하고 보완하여 2차, 3차 포기하지 않고 계속 찾아다니며 투자유치를 하고, 예비창업자가 투자사를 직접 찾아다니며 투자유치를 하는 경우도 있지만, 이스라엘 정부에서 직접 펀드를 운영하면서 예비창업자에게 투자를 하는 경우도 있다고 한다. 이스라엘 정부가 주체가 되어 운영하는 요즈마('창조'라는 히브리어) 펀드는 아이디어가 있는 젊은이들에게 융자가 아닌 투자를 지원하고, 더불어 대학교나 정부 소속 과학자들(멘토)이 세심하게 살펴줌으로써 성공률을 높여주는 창업 투자기관으로 좋은 예(例)가

되고 있다고 한다. 창업자금의 70%를 정부가 투자해 주고, 성공하면 정부 지분을 투자 파트너들에게 싸게 매입할 수 있도록 보장하는 방식, 즉 모든 리스크는 정부가 나누어 분담하는 식이지만 이익은 투자자들에게 나누어 주는 방식으로 창업 열풍의 장을 여는 계기가 되었고, 지금의 이스라엘을 있게 한 투자기관의 시초였다고 할 수 있다.

이스라엘 투자사들은 창업 아이디어에 투자하고 투자한 전체 사업 아이디어가 모두 성공하면 좋겠지만 그중 한두 개만 성공해도 부가가치가 매우 높다 라는 판단에 투자에 대해 주저함이나 두려움이 전혀 없다. 우리나라처럼 창업하여 한 번 실패하게 되면 국세 체납, 대출금 연체, 주변 지인 또는 제삼자로부터의 채권추심에 시달리는 등, 마치 창업은 죄인이 되는 가장 빠른 길인 것마냥 창업 자체에 대한 길목을 사전에 차단해 버리는 제도적, 행정적, 자기들만의 보호 매뉴얼 등 창업을 위한 재원 마련의 장벽들이 너무나도 높다.

이렇듯 우리나라의 금융제도는 진정한 투자 개념이라기보다는 담보를 걸고 자본을 빌려주는 금융제도이기 때문에 창업에 도전하여 실패할 경우 그 대가가 지나치게 가혹한 나머지 두려움 때문에 도전하지 못하는 사람들도 많다. 우수한 기술력을 가지고 신제품을 개발하여 시장에 내놓고 소비자들로 하여금 구매하게끔 하는 과정마다 이스라엘에서는 정부와 대학교, 전문기관들이 합류하여 지도하고 이끌어 주는 것이 일상화되어 있다고 한다. 대기업에 취직하여 안정적인 보수를 받는 것보다는 창업문화가 훨씬 앞선 이유가 바로 이러한 점에서이다. 이스라엘이라고 성장통이 없었겠는가? 수많은 위기와 실업률 등 누구나가 한 번쯤 겪었을 나라의 경제위기를 이스라엘도

똑같이 겪었다. 하지만, 지금의 이스라엘은 실업률에 대한 문제를 찾아볼 수가 없다. 이스라엘 텔아비브대학에는 '커머셜 암즈'라는 자회사가 있는데, 이 회사는 대학 내에서 연구 아이디어를 상용화하여 실제로 상업적으로 판매하도록 연결해 주는 기능을 담당하고 있다. 많은 아이디어 중 우수 아이디어를 선별하고 투자하며, 특허출원부터 산업화에 이르기까지 모든 과정을 총괄한다. 이렇듯 이스라엘에서는 생각의 크기가 국경을 넘는다는 말과 '이스라엘 인사이드'를 끊임없이 실천하고 있고, 전 세계 인구의 0.2%밖에 안 되는 민족이 노벨상 수상은 20~22%나 되고, 나스닥 상장 전체 기업 중 40% 이상을 차지할 정도이니, 이는 타고난 창의성뿐 아니라 학습에 대한 열정과 변화에 대한 두려움보다는 패기와 열정으로 맞서는 그들만의 창업문화가 이뤄낸 귀중한 값이라 생각한다.

이제 우리도 대기업에 입사하는 것과 공무원 시험이 마치 인생 성공의 마지막 귀착지인 것마냥 전전긍긍하지 말고, 자신이 가지고 있는 아이디어를 사업화해 보겠다는 열정과 꿈을 가지고 끊임없이 도전해 나가야 하며, 이를 위해 국가는 그런 우수 아이디어의 창업 열풍이 다시금 부흥할 수 있는 정책과 시스템, 제도적 마련을 준비해야 한다고 생각한다. 일자리 창출에 대한 심각성만을 통계하고 보도할 것이 아니라 가장 원기 왕성할 때의 창조적 두뇌를 쏟아부어 세계시장에 당당히 우뚝 설 수 있는 한국의 실리콘밸리가 만들어져서 잘나가는 대기업과 중견기업, 공무원에 국한된 일자리 창출보다는 세계시장을 겨냥한 자신만의 우수한 아이디어를 산업화함으로써 구글, 페이스북 등과 같은 기업들이 한국에서 배출될 수 있도록 하여야 한다.

유대인들이 가장 부러워하는 민족 중 하나가 바로 한국이다. 세계 과학기술대회, 수학경시대회 등 각종 대회에서 우승을 놓치지 않는 세계 최고의 두뇌를 보유하고 있는 민족이 자신들이 가지고 있는 후츠파 정신과 창업문화가 뿌리내리기 시작한다면 전 세계의 주목을 받을 것은 당연한 일일 것이며 가장 무서운 민족으로 우뚝 설 것이라 생각한다.

정작 남들은 우리를 매우 높게 평가하는데 우리는 우리가 가지고 있는 폐쇄적인 문화와 제도, 규율 등으로 우리의 뛰어남을 속박해 버리고 있으니 이 얼마나 가슴 치며 안타까워해야 할 일인가? 대한민국의 창업문화는 제도적, 규율적, 형식적인 테두리에서 벗어나 이제는 자율과 과감한 투자, 그리고 전문인들로부터의 집중적 인큐베이터를 통해 세계시장에 대한민국의 첨단 기술이 그 위상을 떨칠 수 있는, 마치 이스라엘 인사이드처럼 '코리아 인사이드' 할 수 있는 기회의 장으로 새롭게 변화해야 할 때라고 생각한다.

CHAPTER

6

창업
활성화를
위해
정부에
바란다

🎤 | 01

기업을 위한 현실성 있는
평가시스템과 제도의 개선

창업 후 한 번쯤 정책자금 융자기관(신용보증재단, 신용보증기금, 기술보증
기금, 중소기업진흥공단 등)을 통해서 창업자금 융자 신청한 경험이 있을
것이다. "창업자금 신청하러 왔습니다."라고 하면 대부분의 담당자들
은 이렇게 질문을 던진다.

① 언제 사업자를 냈죠? 우리 기관은 처음이신가요? 과거에 우리
   기관을 이용하신 적 있으신가요?

② 혹시 과거에 보증서 사고 등의 이력이 있으신가요?

③ 신용은 어떻습니까? 최소 700점 이상(2021년 이후 기준)은 넘어야
   만 검토가 되고 그것도 전산상에서 거절될 수 있을 확률이 높으
   니 신용점수는 최소 900점 이상을 유지해야만 안정권에서 접수
   및 검토가 이뤄질 수 있습니다.

④ 사업자를 내신 후 3개월이 되지 않으면 접수를 못 받습니다. 과거에 융자 받아서 폐업해 버리는 일이 빈번하여 실제 사업을 할 사업체인지를 확인하기 위해서는 사업자등록증을 발급받은 후 3개월이 지나야 합니다.

⑤ 3개월이 지났다 하더라도 매출이 없으면 자금을 못 받습니다. 그러니 최소한의 영업 활동을 한 후 오셔야만 검토가 될 수 있습니다.

⑥ 매출처는 확보하였나요? 공급계약서나 구매의향서 및 가계약서 등이 있어야만 추정 재무제표상의 매출에 대해 근거 있게 검토를 할 수가 있습니다.

⑦ 신용점수가 700점대 초반일 경우 운영자금에 대해 검토가 안 될 수 있는데 혹, 담보가 있나요? 담보가 있어야만 운영자금 검토가 될 수 있습니다.

⑧ 창업자의 과거 경력을 확인하기 위해서 4대 보험 가입사실 확인서를 발급하여 경력을 입증해 주셔야 합니다. 경력은 최소 7년 이상이어야 하고, 본인뿐 아니라 함께 일할 직원들도 이 부문 경력이 최소 7년 이상 되어야만 비재무 부분에서 만점을 받을 수가 있습니다.

⑨ 특허가 있나요? 출원과 등록은 점수가 차이가 큽니다. 등록을 원칙으로 검토하고 있습니다.

⑩ 부설연구소나 연구전담부서가 설립되어 있나요? 위의 9번과 함께 특허와 부설연구서가 설립되어 운영되고 있다면 매우 좋은 방향에서 검토가 될 수 있습니다.

대부분이 이런 유형의 질문을 많이 받았을 것이다. 아마도 위의 열 가지 질문이 신용보증기금이나 기술보증기금 등에서 받아본 대부분의 질문일 것이다. 그럼, 창업자들은 어떻게 이에 대해 대응하는지 그 답변의 유형을 보게 되면 다음과 같다. 3개월이 지나야만 융자신청을 할 수 있다는 게 얼마나 비효율적인 질문인지를 묻는다.

① 왜, 꼭 3개월이 지나야 하죠?

② 담보가 있었다면 왜? 굳이 보증서를 발급받겠다고 정부 기관을 찾아왔겠습니까? 차라리 은행을 통해서 담보대출을 받아 자금조달을 받는 게 훨씬 빠르고 쉽지 않을까요? 보증서라는 것이 은행의 문턱이 높고, 담보가 없어 자금조달이 어려운 중소기업체들을 위해서 정부에서 담보를 대신할 수 있는 보증서 발급을 통해 자금조달의 문턱을 낮춰준다는 취지로 만들어진 것으로 알고 있는데 이곳에서조차도 담보를 운운하면 차라리 은행만 있으면 되지 왜? 보증 기관을 만들어서 두 번 고통을 겪게 하는 것이죠?

③ 창업한 지 얼마나 됐다고 벌써 매출을 운운하십니까? 자기 자금 다 투입해서 기술개발 완료하여 이제 사업화를 위해 자금이 필

요하여 정책자금 제도를 활용하고자 하는데 무슨 매출을 요구하는 거죠?

④ 신용점수가 900점 이상인 사람들이 창업을 해야만 평가점수가 높다고 한다는데 통계적으로 900점대 사람들과 그 이하의 사람들의 수를 보면 900점 이상의 사람들이 과연 몇 %나 될까요? 그럼, 저신용자들은 절대로 창업을 해서도 안 되고 해봐야 정부의 지원을 받을 길은 낙타가 바늘귀를 통과하는 것만큼이나 어렵다는 말씀이시네요?

⑤ 집안에서 주부 일만 하다 스팀청소기 아이디어 하나로 성공의 반열에 오른 성공 아이콘의 대명사 한경희 대표가 스팀청소기 제조생산과 관련된 동종업계에서 얼마나 많은 경력을 가지고 있었을까요? 경력이 없으면 아예 창업 자체는 꿈도 꾸지 말라는 것이 나라가 국민들에게 내세우고 있는 지극히 올바른 정책이고, 매뉴얼이라고 하면서 각 기금의 담당자들은 어쩔 수가 없다는 말 하나로 일관해 버리고 밀어내 버리는 게 진짜 국민을 위해 만들어 놓고 운영하고 있는 기관이 맞습니까? 은행하고 무슨 차이가 있다고 생각하십니까?

대부분이 이와 같은 다섯 가지 유형의 답변을 했을 것이다. 필자도 이러한 경험을 직접 해본 경험자로서 아쉬운 점이 참 많고 모순된 제도와 상담 등에 한숨만 쉬고 등을 돌려야 했었던 적도 있었다. 필자는 위와 같은 내용으로 보증기금 본점에 근무하고 계시는 과장 한 분과 통화를 한 적이 있었다. 왜 정부에서는 인터넷 등에 게재되어 있는 자금 정보와 실제 상담할 때와 너무도 다른 이유를 물었다. 또한,

매뉴얼이 있음에도 불구하고 왜 각 지점별로 다 다른 결과가 나오는지에 대해서도 함께 물었다. 답은 하나였다. 상담하는 담당 팀장의 권한이 가장 크고, 그러다 보니 담당 팀장의 주관적인 견해가 가장 크게 작용할 수밖에 없다는 것이다. 황당무계한 소리였지만, 정부에서도 통제할 수 없는 어쩔 수 없는 시스템이라고 일관해 버리면서 말을 피해버리는 게 전부였다. 정부는 기업체 입장에서의 개선되어야 할 제도적 모순 등을 계속적으로 개선해 나가고 발전시켜 나가면서 제도의 틀을 현실성 있게 잡아가야 하는데, 상담하시는 분들의 주관적인 대응과 해석이 워낙 크다 보니 정말 억울한 경험을 한 번씩은 다 당해봤을 것이라 생각한다.

이스라엘을 조금만 공부하다 보면 정말 우리나라와는 확연히 비교가 된다는 것을 알 수 있다. 이스라엘의 창업 정책은 그야말로 파격적이다. 파격적인 만큼 상과 벌도 확실하다. 그래서인지 NASDAQ에 상장된 업체들 중 이스라엘 기업이 40%를 차지하고 있고, 전 세계 은행들 중 TOP10에 이스라엘 은행이 대부분에 랭크될 정도로 선진 금융을 자랑한다.

그런데, 왜 우리나라는 이렇게 되지 않을까? 김대중 정부 때는 묻지 마 벤처투자라는 소문이 자자할 정도로 기업 융자가 매우 후한 시기였고, 박근혜 정부 들어서는 창조경제라는 이스라엘의 '후츠파 제도'라는 것을 그대로 벤치마킹하여 도입하였으나 국정농단에 정부 자체의 존재적 이유가 사라져 버림에 따라 결국 제대로 된 정부 정책자금 융자 제도는 발전과 개선 없이 제자리걸음을 걷고 있지 않나 하는 생각을 조심스럽게 해본다.

그렇다면 어떻게 무엇을 가지고 융자 제도를 개선시켜 나갈 것인가? 하고 묻는다면 다음과 같이 답변할 수 있겠다. 박주관 박사가 쓴 『사업타당성분석과 사업계획서 작성(I, II)』라는 책에서 언급한 예비창업자에 대한 적성검사를 통해 창업을 위한 준비가 충분히 되어 있냐는 것에 대한 검증 시스템과 더 나아가 어떤 산업군에 적성이 맞고, 성공확률이 높은지에 대한 빅데이터를 활용한 분석 시스템을 도입하여 객관성을 높이고, 제도를 개선·발전시켜 나가는 것도 좋은 방법이라 하겠다. 필자가 가끔 적용을 해보지만 자신의 문제점과 한계를 쉽게 이해할 수 있고, 창업에 대한 무분별한 시작보다는 계획성 있는 창업으로 인식을 전환시켜 줄 수 있는 좋은 시스템이라 생각한다. 이런 좋은 사례들을 정부에서는 적극 도입하여 창업에서부터 관리가 되어진다면 훨씬 건전한 창업과 기업 경쟁력 및 국가 경쟁력까지도 갖출 수 있는 기틀이 마련되지 않을까 하는 생각도 해본다.

정부에서 벤처창업육성에 대한 확실한 제도적 기틀을 마련하기 위해서는 관련 부서의 핵심 인력들은 현장 경험이 풍부하고, 바라보는 시각의 다양성과 유연성을 충분히 갖춘 자를 전문 상담 인력으로 육성하는 것이 우선이겠고, 그다음이 창조경제 문화에 대한 선진국(이스라엘 등) 시스템을 충분히 연구하고 분석하여 현 우리나라 실정에 맞게 재구축하는 것이며, 마지막으로 인식의 전환이라 할 수 있겠다. 업체 하나를 잘못 지원해서 인사고과(人事考課)를 안 좋게 받고 문책받고 징계받으면 어떡하나 하는 걱정과 염려를 우선하기보다는 10개 업체를 지원해서 1개 업체만이라도 잘된다면 잠재적 가치와 부가가치, 경제적 파급효과 등을 따져볼 때 훨씬 큰 효과를 얻게 된다는 것을 계산기 두드려 보지 않아도 아는 결과라는 것을 알 수 있으니 오히려 각 담당자에게 공격적인 융자심사를 하게 하되 그 시스템은 기업체 입장을 충분히 고려한 현실성에 입각한 시스템으로 전부 교체해서 이스라엘처럼 완벽한 창업문화가 자리를 잡을 수 있기를 제안해 본다.

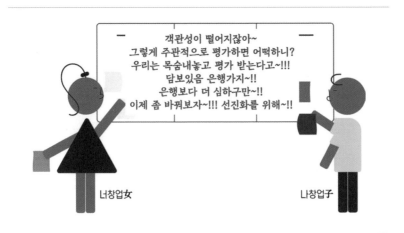

CHAPTER

7

부록 :
창업의
실패와 성공의
실제 사례

실패사례

1. 무지갯빛 희망만으로 창업했다가 실패한 사례

2. 편법이 용납되지 않는 창업, 그 결과는 실패

3. 투자유치에만 눈이 멀어 결국 파산을 맞게 된 사례

4. 기업사냥꾼(블랙엔젤)에 의해 패망을 맞게 된 실패사례

1. 무지갯빛 희망만으로 창업했다가 실패한 사례

#1

- JD郡 김 공장 창업 사례

필자와 가까운 컨설팅 회사 대표를 만나 직접 들은 얘기이다. 정말이지 필자가 들어본 중 최악의 창업자라는 생각이 들었다. 이 창업자는 과거에 중견 규모의 종합건설회사의 경영자로서 무엇 하나 부족함 없이 흔히 잘나갔다는 말을 듣기까지 했었던 당시의 환상에서 깨어나지 못해 여전히 그때의 호화스러웠던 시절을 그리면서 오로지

잃어버렸던 돈을 한 방에 벌어서 다시금 그 호화스러운 시절로 돌아가겠다는 생각을 가진 창업자라 소개했다. 한탕주의적 환상에 빠져서 자기 인생을 이번 기회로 한 방에 역전시켜 보겠다는 생각에만 사로잡혀서 막연하게 앞만 보고 내지르다 결국 망해버린 창업자였다고, 지금도 그때를 생각하면 고개가 절로 흔들어진다고 했다. 어떻게 그렇게 큰 사업체를 운영해 봤다는 분이 창업 자체에 대해 무개념적 사고에 모든 걸 너무 쉽게 이루려 하고, 남을 속여서라도 자신이 취할 수 있는 것은 다 취하겠다고까지 생각하는 사람이라는 점에서 고개를 흔들 수밖에 없었다고 했다. 그 창업자에 대해서는 두 번 다시 기억하기조차 싫다고 했지만 필자의 요청에 의해 겨우 스토리를 전달받을 수 있게 되었다. 이 부분에 대해서는 개인적으로 깊은 감사를 드린다.

충남 당진에서 900여억 원 규모의 종합건설회사를 운영해 오다가 매출 누락(탈세), 횡령, 배임 등의 방만적 경영문제로 인해 세금폭탄을 맞고 결국 파산할 수밖에 없었던 뼈아픈 과거사를 여전히 가슴에 품고 과거에 파묻힌 채로 2015년 8월에 K 씨가 찾아왔다고 한다. K 씨는 가까운 친척분의 소개로 전라남도 JD郡에 있는 김 공장 몇 군데를 방문하게 되었다고 한다. 그 김 공장을 직접 운영하고 있는 사장님들과 차 한잔하면서 얘기하던 중 김 사업이라는 것이, 현재 부채 더미에 앉아서 아무런 희망조차도 없었던 자신의 인생을 한 방에 역전시킬 수 있을 정도의 기가 막힌 사업 아이템이라는 얘기와 자신도 실제 김 공장을 방문하여 보니 진짜 인생을 역전시킬 수 있을 것 같은 확신이 들었다고 한다. 김이라는 제품은 당시 수출 효자품목 1위를 차지할 정도로 굉장히 메리트(Merit)가 큰 사업이었고, 그래서 실상 자신이 아무런 경력이나 경험치가 없다 하더라도 옆에서 누군가로부터 약간의 조력과 함께 생산교육 등에 도움을 받을 수만 있다면 충분히 생산·판매가 가능할 것이고, 엄청 큰 수익을 낼 수 있는, 무조건 성공할 수밖에 없는 사업이라고 했다고 한다. 엄청난 무지갯빛 꿈과 환상을 머리에 떠올리면서 흥분을 감추지 못한 얼굴로 토로했다고 한다.

이야~!! 나 로또 당첨됐다.
역시 인생은 한방이야~!!!^^

참고로, 전라남도 JD郡에서 생산되는 김은 우리나라 김 생산의 전체의 70%를 차지할 만큼 김으로 유명한 지역이기도 하니 당연히 무지갯빛 환상에서 깨어나지 못할 법도 했다고 한다. "김 공장을 하면 3년 이내에 투자금 다 뽑고 이후부터는 최소 이익금만도 60억 원 이상을 보장한다."라는 얘기를 들었다는 것이다. "그리고 김 공장은 지금껏 단 한 군데도 망한 곳이 없어 너무나도 확실한 사업이다."라고까지 들었다는 것이다. 그래서 K 씨도 빨리 부지를 매입하고 정부정책자금을 조달받아 김 공장 신축과 생산라인 셋업 후 라인을 가동시켜 돈을 벌어야겠다는 생각에 급하게 찾아왔다는 것이다. 이 얼마나 황당하고 무지한 생각을 가진 창업자인가? 이런 생각과 마인드를 가진 K 씨가 운이 좋아 하늘이 도와서 성공한다면 이는 신이 너무 불공평한 것 아니냐며 필자는 Y 컨설팅 대표님께 성토했다. 다행히 하늘(神)은 배신을 하지 않았다고 한다. 이런 류(類)의 한탕주의적 사고를 가진 창업자가 성공하는 꼴을 두고 볼 수가 없었는지 하늘(神)은 실패라는 당연한 결과를 선물로 주어 이전보다 훨씬 피폐한 삶을 살고 있다고 간간이 소식을 접해 듣고 있다고 한다.

창업자 K 씨는 자기자본이라고는 한 푼 없이 김 공장을 하겠다고 했고, 마지막으로 K 씨가 과거에 직접 운영했었던 종합건설회사가 파산하기 전에 공사한 아파트 공사자금 미수금이 20억 정도 되는데 당시 2016년 말이었으니까 2016년 12월이면 그 돈이 들어온다는 확신만 가지고 김 공장을 시작을 했다는 것이다. 그래도 이건 아니다 하는 생각에 Y 컨설팅 회사 대표님께서는 다시 한번 생각해 보라 했다고 한다. Y 컨설팅 대표님께서는 자신의 그동안의 경험과 사례를 볼 때 분명히 시작도 전에 반드시 망할 것이라는 강력한 메시지를 전달했음에도 불구하고 K 씨는 아랑곳하지 않고 무조건 성공할 수 있고 그러니 도와달라고 간곡히 요청했다고 한다.

K 씨는 맛김으로 유명한 선경김, 양반김, 그리고 대학교 식자재 공급업체 등과의 상품공급계약과 납품도 전혀 문제없고, MOU까지 체결되어 있어 공장 가동만 하면 성공은 예정된 결과라고 했다고 하면서 등쌀에 못 이겨 끝내는 수용하게 되었고, 진행방식은 철저하게

Step By Step 식으로 단계를 밟아가다가 혹여 더 나아가면 문제가 커질 것 같다는 생각이 들면 곧바로 멈추기로 하고 컨설팅을 시작했다고 한다. 일은 그렇게 반강제적 요청으로 우여곡절 끝에 시작이 되었고, Y 컨설팅 회사 대표님은 컨설팅 스케줄을 수립하여 공문을 발송하고, 스케줄에 맞춰 일을 추진하게 되었다고 한다.

그 첫 번째 Step이 김 공장을 신축할 사업지 방문과 관련 기관의 인허가 사항을 체크하는 것이었고, 장장 여섯 시간을 서울에서 전라남도 JD郡로 내리 달려 밤늦게 도착하여 하룻밤 묵고 다음 날 아침 일찍 사업지 현장을 방문했다고 한다. 현장에는 부지의 공장신축 조건을 검토하기 위해 건축설계사 대표와 함께 방문하였고, 건축설계사 대표는 공장 건축이 가능한 곳인지, 토목공사와 건축공사의 대략적인 기초설계안을 잡아보기 위해 함께 방문한 것이라 했다. 현장을 방문하고 진도 군청 건축과에 들러서 인허가 사항을 체크한 후 가설계 작업한 후 K 씨를 만나서 설명을 했다고 한다.

문제는 바로 여기에서 발생했다고 한다. 토지 주인과 K 씨는 토지 매매에 대한 어떠한 상의나 최소한의 매매 의향서조차도 얘기된 바 없고, 오직 K 씨만의 상상에 의해 임의로 토지를 선정하여 마치 자기가 이미 확정해 놓은 부지인 마냥 소개했던 것이다. Y 컨설팅 대표님과 건축설계사 사무소 대표님, 그리고 함께 현장을 방문한 관련 업체들 대표분들을 헛걸음하게 만든 황당하기 그지없는 일을 당했다고 한다.

이렇게 해서는 아무것도 되지 않겠다는 생각에 Y 컨설팅 대표님은 예비창업자 K 씨에게 반드시 준비해야만 하는 필수 준비서류, 업무 등에 관한 것들을 공문으로 작성해서 전달해 주고 하나하나 꼼꼼히 설명하면서 관련 자료들을 챙기기 시작했다고 한다. Y 컨설팅 대표님은 서울에서 차를 달려 거의 여섯 시간 걸리는 전라남도 진도를 세 차례 왕복해 가면서까지 그리고 기존 김 공장을 운영하고 있는 사장님들을 만나서 실제 김 공장 시장에 대한 현실적인 얘기들, 시설의 구축 등에 관한 얘기를 나누고 자문을 받았다고 한다. 그렇게 은행에 들어가 태핑(Tapping)이라도 해볼 수 있는 사업제안서를 완성시켰고, 그 외 나머지 부분에 대한 제반 준비사항들을 꼼꼼히 챙겨서 준비해 주었다고 한다. 오로지 K 씨의 확고한 말만 믿고 1년이라는 오랜 시간을 꼼꼼하게 준비하고 또 챙겨서 하나씩 마무리를 해주었다고 한다.

공장을 신축하기 위해서 건축주가 반드시 이행해야 하는 일이 토지 확보, 공장을 세울 면적의 측량과 건축설계, 그리고 시공사와의 도급계약과 공사내역서 작업, 도입할 시설의 세부 견적과 공급계약서 등의 서류가 반드시 필수적으로 수반되어야 하는데, 이러한 요구에 대해 K 씨의 대응을 보고 Y 컨설팅 대표님은 희대의 사기 창업자 테라노스(Theranos)의 엘리자베스 홈즈가 문득 떠올랐다고 했다. 공장을 신축할 토지도 확정하지 못한 상태에서 자기 땅도 아닌 K 씨와 아무 관련이 없는 남의 땅에다가 자기 공장도 아닌 이미 기존에 설립된 김 공장 설계 도면을 일부 편집해서 자기 공장 설계 도면인 것처럼 속이고, 가짜 도면에 공사내역서 또한 임의로 작성하여 이를 금융기관에 제출한 것이다. 금융기관이 바보도 아니고 당연히 문제가 있고, 임의의 가공을 한 것에 대한 체크가 되어, 공사 도면 원본과 공사내역서를 다시 작업해 오라는 요청을 받게 되었다고 한다. 그때부터 갑자기

K 씨는 연락이 되질 않고 은행에서 전화해도 연락 두절, 컨설팅 업체에서 연락해도 전혀 연락이 되지 않고, 이 프로젝트는 유야무야 아무 소득 없이 그냥 시간만 낭비하고, 얻은 것 하나 없이 실패라는 도장만 찍힌 채 모든 게 종결되었다고 한다.

우리는 위의 사례를 보면서 같은 생각 또는 같은 감정을 가졌을 것으로 생각한다. 같은 생각이라는 것은 당연히 실패할 수밖에 없다는 것, 같은 감정이라는 것은 화가 치민다는 것일 것이다. 그렇다면 이 K 씨라는 창업자가 실패할 수밖에 없는 이유가 몇 가지나 되는지 짚어보도록 하자.

첫 번째, 한 번도 경험해 보지 못한 무경험, 무지식의 사업을 시장 적합성조차도 검증해 보지 않고 돈을 많이 번다는 주변 사람들의 이야기 하나에 의존하여 그야말로 한탕주의(겜블)적 사고에 붙잡혀 앞뒤 안 가리고 무조건 시작했다는 점이고,

두 번째, 잘못된 목표 의식이다. 무조건 돈이 목적이었고, 정부가 운영하는 기금으로부터 시설자금 대출금 나오면 시공사와 잘 얘기를 해서 우선 먼저 자금을 사용할 수 있게 해달라는 설득을 하여 자기가 진 빚을 먼저 갚아야겠다는 아주 잘못된 생각과,

세 번째, 거짓과 망상에 사로잡혀 모든 과정에서 진실은 없고 허위로만 가득했다는 점, 이렇게 세 가지로 요약해 볼 수 있다.

위의 글을 읽다 보면 자신도 모르게 화가 나는 것은 필자나 독자분들도 같은 마음일 것이다. 하지만, 이러한 사례가 너무 빈번하다. 잘못된 창업(신규 사업)에 대한 인식이 자신과 자신의 주변을 모두 망가뜨리고 파괴해 버리고 만다는 것을 알아야 하고, 절대적으로 망상에

사로잡혀 그 안에 갇히게 되는 순간 사업은 무조건 100% 실패할 수밖에 없고, 후회해 봐야 결국 고통밖에 남지 않는다는 것을 깨달아야 한다. 설령 그 사람이 김 공장을 신축했고, 김을 생산하는 데 성공했다 가정해 보자. 과연 자신이 생각했던 것처럼 3년 안에 부채를 다 정리하고, 이후 60억 원이라는 이익을 얻을 수 있었을까? 절대 불가능한 일이라는 것쯤은 삼척동자도 알 수 있었을 내용이라 생각한다.

자신이 가보지 않은 길을 가고자 할 경우는 자신의 사업 아이템과 시장의 적합성(Market Fit)을 최우선으로 검증을 해보고 나서 갈 길인지 가지 말아야 할 길인지를 결정해도 절대로 늦지 않을 것인데, 당장이라도 성공이 내 손에 잡힌 듯 무엇에 홀린 사람들처럼 우선은 저지르고 만다. 설령 자신이 가보지 않았던 길일지언정 꼭 가고야 말겠다고 고집을 피우고 싶다면 K 씨는 이 분야에 전문가라고 할 수 있는 파트너(컨설팅)라도 잘 섭외하고, 그 사람의 경력과 경험을 빌려 그다음 함께 논의하고 차근차근 단계를 밟아가되 진정성 있는 내용으로 전진해 나갔더라면 그래도 그나마 가능성은 조금 있을 것으로 생각한다.

재정 능력의 턱없는 부족, 거짓된 정보와 조작, 창업의 목표가 오직 돈과 과거의 빚 정리에 목적을 두고 있었던 이 창업자 김○길이라는 대표는 100년, 1,000년 등 아무리 많은 시간을 배려해 준다 해도 그 결과는 실패와 고통이 당연한 결과였을 것이다. 절대적으로 성공할 수 없는 조건들을 다 갖추고 있었음과 도덕적 문제 등으로 절대로 실패할 수밖에 없었다는 것은 세 살 난 애들조차도 알 수 있을 정도라 생각한다. 하여 창업은 건전한 목표 의식과 건전한 경영의식, 건전한 이타적 마음가짐이 내면에서 단단하게 쌓여 있지 않다면 절대로 시작해서는 안 된다고 말하고 싶다. 어차피 인성을 갖추지 못한 창업은 롱런 하지 못할 것이 당연한 결과이기 때문이다.

#2
– 영광 대마산업단지 젓갈공장 창업 사례

　필자가 직접 컨설팅한 창업 실패사례이다. 2015년 5월경으로 알고 기억하고 있다. 지인분 소개로 따로 시간을 내어 전라남도 영암에 소재하고 있는 어업회사법인 ㈜Y 식품수산이라는 공장을 방문하게 되었다. 일단, 이 회사의 실질 경영주가 누구인지 모를 정도로 함께 자리한 4명의 사람 모두가 다 사장이라고 소개가 되었다. 알고 보니, 실질 경영주는 신용불량자로, 흔히 말하는 바지사장을 세워서 경영할 수밖에 없었고, 현재의 공장이 가지고 있는 환경적 조건의 한계에 의한 HACCP(해썹) 인증을 받을 수가 없어 부득이 영광군 소재 대마산업단지에 1,300여 평을 분양받아서 이곳에 신규법인을 설비하여 젓갈공장만 별도로 신축해서 운영하겠다는 계획 속에 지인분께서 필자를 소개했던 것이다. 이런 인연으로 젓갈공장 신축이라는 프로젝트 용역을 수행하기 위해 필자가 뛰어들게 된 것이다.

젓갈공장의 실질 경영주인 J 회장이라는 분은 모든 것에서 그렇게도 자신만만이었다. 당시 J 회장의 말을 빌자면, "우리는 너무나도 철저하고 완벽하게 준비를 잘해놨기 때문에 컨설팅하는 사장님은 굳이 큰 노력이나 어려움이 없이 쉽게 일을 마무리할 수 있을 것이다." 라고 그렇게도 자신 있어 하였다. 본격적인 컨설팅 용역수행에 앞서 몇 가지 사전에 확인하고 체크를 해야 할 항목들이 있어서 공문을 작성하여 공문 발송과 함께 자료 준비 요청을 하였다. 물론, 이 공문에는 갑과 을의 역할에 대해서도 명확히 설명하여 보냈었다. 이때까지만도 당연히 준비가 다 되어 있고 아무 문제 없다고 하여 홀가분한 마음으로 1차 목포에 소재하고 있는 H 건축설계사무실을 방문하게 되었다. 이때 참석한 사람들이 기계설비업자, 건축업자(시공사), 건축설계사, 건축주(J 회장 외 경영진들 2명), 그리고 필자. 이렇게 7명의 관계자들이 모여서 미팅을 하게 되었다. 사건의 시작이 바로 이곳에서부터 시작이 되었다. J 회장의 그렇게도 자신만만했었던 얘기는 첫 번째 요구사항에서부터 펑크가 났고, 거짓과 허위가 들통나게 되는 허망하게 시간만 낭비해 버리는 해프닝으로 미팅이 끝나버렸다.

사건인즉, 건축설계사무소 대표(소장)는 지금까지 J 회장 말만 믿고 토지도 자기 소유도 아닌 땅을 가지고 와서 설계용역을 요청했는데,

설계용역이 끝났음에도 갖가지 말도 안 되는 이유로 결제를 회피하다 결국 Hard Copy본 1부의 설계 도면만 가져가고 원본 Data는 확보하지도 못한 채 미완성된 설계 도면 1부만을 겨우 받아온 것이다. H 건축설계사무소 소장은 ㈜Y 식품수산에 대해 더 이상 어떠한 설계 도면의 수정, 보완 등의 용역수행이나 자료의 외부 유출은 허락지 않는다는 완강한 입장을 내세우면서 모든 작업을 중단해 버린 것이다. 눈앞에서 황당한 사건을 체험하고 나니 필자도 정신이 번쩍 들면서 더 이상 이러한 파렴치한 업체들에 대한 미팅은 용납하지 않겠다는 스스로의 다짐까지 하게 되었고, 결과적으로 모든 준비가 다 완벽하게 되어 있어 할 일이 거의 없을 것이라는 그렇게도 당당했던 얘기가 결국에 거짓이었고, 게다가 비도적적 행위에 의한 H 건축설계사무소와의 감정적 대립까지 생기게 되어 앞으로 나아가야 할 길에 크나큰 장애물이 하나 생기게 된 것이다.

자기 사업을 하는데 굳이 거짓과 허위, 그리고 과장이 왜 필요할까? 아무리 생각을 해봐도 이해가 가질 않았다. 왜 거짓과 허위와 과장으로 포장하여 자기 사업을 성공의 가도가 아닌 실패의 길로 인도해 가는지 이해할 수가 없었다. 이후 J 회장은 전체적인 프로세스를 변경하여 여전히 계속 사업을 추진할 것을 요구하였고, 필자는 진로 변경과 전반적인 프로세스 수정을 통해서 다시 컨설팅을 수행하게 되었다. 필자에게 모든 권한을 위임하고 컨설턴트의 지도에 절대적으로 따를 것을 약속받고 계속하여 용역을 수행하게 되었다. 첫 번째로, 토지를 확보하여야만 그다음 일을 진행할 수가 있어 대마산업단지 분양회사를 찾아가 담당자와 상담을 하였다. 신용보증기금과 은행으로부터의 긍정적인 검토에 대한 답변을 득한 후 토지를 매입해야만 불필요한 자금의 손실이 없게 된다. 하여 관할 지역 신용보증기금과 주거래 은행에 우선 제안서를 제출하여 상담받은 후 긍정적인 답변을 먼저 받는 업무를 선행하게 된 것이다. 필자는 은행과 보증기금으로부터 계획사업에 대한 제안서 제출 후 긍정적인 답변을 받음으로써 J 회장에게 예정 부지 매입을 위해 계약금 10%를 지급하고 계약서를 체결하게 하였다. 이후 무안에 소재하고 있는 W 건축설계사무소와 설계용역 체결 후 담당 설계사로 하여금 관할 지자체 건축과에 토지사용승낙서와 설계 도면을 가지고 들어가서 건축허가를 득하는 과정을 밟게 하였다. 건축허가서를 득한 후, 시공사를 선정하여 공사내역서 산출과 도급계약체결의 수순을 밟으면 건축 관련된 모든 업무는 마무리가 되는 것이었다.

　모든 일이 순조롭게 진행이 되었다. 필자는 산업은행을 방문하여 대마산업단지 젓갈공장에 대한 사업을 브리핑하고, 담당 부지점장과 지점장으로부터 시설자금 36억 원에 대한 가능성을 타진받고 은행으로부터 요청받은 자료를 차곡차곡 준비해서 제출하여 결과를 기다리고 있었다. 거짓은 절대로 성공을 낳을 수 없다는 불변의 진리는 바로 이곳에서도 여지없이 좋은 사례로 남기게 되었다. J 회장은 영암에 있는 기존 공장을 매각하면서 그 매각금액을 자기 자금으로 보유하여 전체 조달금액의 자기 자금비율 최소 20%의 조건을 맞추는 것으로 하였으나 결국 매각 자금은 온데간데없고, 자기 자금은 거짓으로 가장 납입을 통해서 준비하여 36억 원 시설자금 승인을 받자고 한 것이다.

영암공장 매각자금을 7억 원이라고 속여서 매각되면 곧바로 은행 계좌로 입금하여 자기 자금 비율을 맞춘다고 은행 담당자와 약속하였다고 한다. 하지만, 자기 자금 7억 원은 말도 안 되는 금액이었고, 겨우 2.9억 원 정도가 전부였기에 은행과 약속한 7억 원은 해당 계좌에 입금할 수 없었기에 은행에서 더 이상의 대출 승인을 위한 검토가 이뤄질 수가 없었고, 젓갈공장 신축을 위한 신용보증기금 보증서 작업과 은행 대출업무는 이것으로 모두 중단되어 버렸다. ㈜Y 식품수산 J 회장은 거짓이 생활화되어 있었고, 요령이 상식화되어 버리는 것을 당연한 것으로 여기면서 살아온 사람이었던 것이다.

손바닥으로 하늘을 가리면서 생활해 온 그 오랜 삶의 패턴이 그대로 이 프로젝트에 묻어나면서 결국에 일을 그르치게 되었다. 나중에 알게 된 사실이지만 영암에 42억 원 정도의 젓갈을 재고로 가지고 있고, 영암공장 매각자금도 보유하고 있어 지역 시공사 하나를 선정하여 거짓을 사실인 양 속여서 시공사로 하여금 자기 자금을 대납케 함으로써 농협은행으로부터 시설자금 20억 원을 대출받아 대마산업단지에 공장을 신축하게 되었다. 하지만, 그 결과는 참혹함으로 끝나버렸다. 당연한 결과였다. 공장은 짓다 말고, 시공사와 건축설계사에게 큰 피해를 입힌 후 야반도주하듯 도망을 하게 된 것이다. 결국 이러한 부류의 인격자들과 상대해서 얻을 수 있는 게 아무것도 없다는 것을 알게 된 시공사는 10억 원 정도의 손실을 보고 모든 걸 포기하였다고 한다. 이 얼마나 파렴치한 사람들인가? 잘못된 인격과 잘못된 사고방식을 가지고 창업을 하였기에 실패라는 당연한 결과를 맛본 것이다. 하지만, 타인에게까지 크나큰 피해를 주고도 무책임함으로 일관해 버리는 사람들이었기에 '파렴치하다'라고 표현한 것이다.

창업은 거짓과 위선으로는 성공의 그림자는커녕 그 근처에조차도 다가가지 못한다는 것을 또다시 알게 한 사건이었다. 간혹 TV 드라마나 영화를 보게 되면 성공을 위해서라면 수단과 방법을 가리지 않고 할 수 있는 모든 파렴치한 짓은 다 하면서 결국 목표를 이루게 되는 것을 보기도 한다. 그 끝은 어떠한가? 결국 가장 낮고 천하고 더러운, 끝이 안 보이는 곳으로 떨어져 아무도 없이 혼자만 남게 되는 것을 많이 보게 된다.

창업은 시작 전에 스스로 인격수양과 이타심, 그리고 목적을 이루기 위한 그 수단과 방법이 정의로워야 한다는 것에 전제를 둘 때 결국 성공은 자연스럽게 선물로 다가온다는 것을 알아야 한다.

2. 편법이 용납되지 않는 창업, 그 결과는 실패

#1
– 세슘(Cs) 정화 기술창업자의 실패사례

㈜DSE라는 회사의 대표이사였고, 나름 고학력에 해외유학, 그리고 큰 기업들과 시장 경쟁을 하면서 경영이라는 것에 베테랑 소리를 들을 만했던 분으로 기억하고 있다. 이 창업자의 창업 아이템은 폐업된 주유소를 인수하여 세슘(Cs)으로 오염되어 있는 부지를 정화한 후

부동산 개발을 통해 큰 이윤을 크게 남긴다는 계획이었다. 주유소는 기름으로 땅이 심각하게 오염되어 있기 때문에 정화시키지 않고는 어떠한 부동산 개발도 불가능하였다. 물론, 법적 규제 또한 형질 변경을 하지 않고서는 어떤 개발 자체가 허용되지 않는다는 것도 있었지만, 하여튼 부동산 개발을 하기 위해서는 반드시 토지 정화를 해야 하는데 나름 세슘(Cs) 정화 기술을 보유하고 있다는 K 대표이사가 필자를 찾아와 정식으로 창업에 대해 용역의뢰를 하였다. 필자는 이를 수용하였고, 본격적으로 서류검토를 하기 시작하였다. 서류검토가 끝나고, 가장 중요한 필수서류 중 하나가 특허기술 자료였다. 하지만, K 대표이사는 세슘(Cs) 정화 기술에 대한 특허는 본인이 아니라 일본 사토(Sato)라는 박사가 원천기술자라고 하면서 언제든 특허 이전을 받을 수 있다고 했다. 필자는 일본 사토(Sato) 박사에게 빨리 특허 이전을 받아야 한다고 주문하였고, 그 특허 이전서류가 있어야만 2 단계 컨설팅을 진행할 수 있다고 하였다.

K 대표이사는 세슘(Cs) 정화 기술 사업을 잠시 뒤로하고, 느닷없이 가정용 보일러 발전기(Generator) 제조생산 사업을 들먹이는 것이었다. 과거에 자신이 대표로 있었던 ㈜DSE社와 KD 보일러가 주관이 되고 나머지 국가 연구기관들이 참여기관이 되어 600억 원의 정부과제를 통해 가정용 소형보일러 발전기 개발을 완성했다고 한다. 이 기술은 언제든지 필요하면 가져와서 사업을 할 수 있다고 하였다. 필자는 사실 여부를 확인하기 위해 정부과제 주관기관 담당자에게 이메일을 보내어 내용을 확인하였고, 얻은 답변은 ㈜DSE社와 KD 보일러가 주관기관이었다는 사실과 이 기술을 가지고 사업화하기 위해

서는 반드시 통상실시권료를 지불해야만 한다는 것도 확인하였는데, 그 금액의 규모가 상당하였다. 즉, K 대표이사는 또다시 거짓과 허위로 잘못된 창업을 시작하려 했던 것이다. 이렇게 두 가지 사업 모두 창업이 불가능하다는 판단을 내렸고, K 대표이사는 마지막이라며 김천에서 직접 운영하고 있는 말 농장 힐링센터 2만여 평 추가 개발 사업에 대해 현장 실사와 개발 검토를 요청하였다. 필자는 김천 현장을 방문하여 면밀하게 검토를 해보고, 김천시청 해당 과를 방문하여 몇 가지 질문을 해본 결과 K 대표이사가 말한 것과는 달리 이 토지는 김천시에서 K 대표이사에게 10년간 임대해 준 토지였고, K 대표이사의 소유가 아니었던 것이다. 따라서, 이 토지는 분양사업이라는 그 자체가 불가능하였다. 오직 운영사업에 의한 수익 발생만이 해답이었다. 이 역시 초기 투자금이 꽤 많이 필요했고, 자금력이 턱없이 부족했던 K 대표이사는 이 자금에 대한 조달을 요청했던 것이다. 불가능한 일이었다. 게다가 K 대표이사는 전체 토지 중 일부를 고사리밭을 일구겠다는 지역민에게 7,000만 원을 받고 장기 임대를 주는 불법 행위도 서슴지 않았다는 것까지 알게 되었다. 필자는 ㈜DSE社 K 대표이사 역시도 앞선 창업자들과 별반 다름없는 거짓과 위선으로 포장된 사람이라는 것을 알게 되었고, 모든 컨설팅은 이것으로 종결되었으며, K 대표이사는 결국 창업의 문턱도 밟아보지 못했지만 준비하는 과정에 너무도 많은 것들을 잃어버린 그런 실패한 창업자로 남게 된 것이다.

진실과 진정성, 그리고 잘못된 목표와 잘못된 방법으로는 절대로 시작을 위한 첫발조차도 내딛지 못한다는 것을 각인시켜 준 좋은 실패사례이기도 하다.

#2
– 각얼음 생산공장 외 세 가지 창업 실패사례

2017년 5월 어느 날 50대 중반으로 보이는 한 분이 롯데제과에 각 얼음을 공급하겠다는 큰 계획을 가지고 필자를 찾아왔다. 이미 롯데 제과 본부장이라는 분과도 각얼음 공급에 대한 협의도 끝났고, 본부 장이 직접 참여하는 것까지도 약속이 되어 있어 공장과 시설만 갖추 면 1,000억 원대의 큰 기업을 이룰 수 있다는 원대한 꿈을 가지고 필 자를 찾아왔다. 그래도 H 대표라는 분은 과거 사업을 했다가 큰 실패를 겪어본 사람으로 두 번 실패는 없다는 확고한 생각을 가지고 나름은 꼼꼼하게 잘 준비한 것처럼 보였다. 창업자가 갖추어야 할 기본 자질과 함께 일할 전문 인력(인적자원), 그리고 공급망 확보에 따른 빠른 시장안착 등 아주 잘 갖추어진 것처럼 보였다.

일단, H 대표라는 창업자의 사업계획서만으로는 확신을 가지고 창업 컨설팅을 수행할 수가 없었고, 창업자 또한 막연한 확신만으로는 사업을 시작할 수가 없어 체크리스트를 작성하여 하나씩 검토해 보기로 하였다. 우선은 가장 중요한 것이 사업을 위한 자기 자금 준비에 대한 필수요건, 그리고 각얼음을 생산할 수 있는 전문인력의 확보, 마지막으로 롯데제과에 전량 납품하기로 했다는 내용에 대한 검증을 선행한 후 컨설팅 여부를 결정하기로 하였다.

H 대표는 자기 자금이 준비되어 있지 않았고, 모든 자금을 정부 정책자금에만 의존하여 사업을 하려 하는 아주 위험한 생각을 하고 있었다. 또한, 각얼음 생산을 책임질 전문인력의 확보도 명확하지 않았고, 납품에 대한 불확실한 부분도 확인이 되면서 본 건에 대한 컨설팅은 쉽지 않겠다고 생각하였다. 2개월쯤 지나서 자기 자금 준비에 대한 조건을 맞추기 위해 투자자 한 분을 모시고 왔는데, 그 투자자라는 분이 지분 51% 이상을 가지고 직접 경영하는 조건이었으며 재미교포라고 소개받아 만나게 되었다. 재미교포 투자자는 R 사장이라는 사람으로 그 당시 LG전자 미국 LA주 대리점을 운영하고 있고, 연 매출을 50억 원 이상 하는 나름은 자금도 충분히 있다는 식으로 소개를 받았다. 이후부터는 H 대표는 뒤로 물러나고, R 사장이라는 사람과 각얼음 제조생산 사업에 대한 얘기를 계속해 나갔다.

일단, 법인을 우선 설립하되 H 대표와 R 사장은 각각 10%:90% 의 비율로 지분을 배분하여 법인을 설립하고 각얼음 생산 사업을 본격적으로 시작한다는 계획이었다. 하지만, 두 사람 간에 지분에 대한 합의가 원활히 이뤄지지 않으면서 H 대표는 R 사장과 함께하지 않겠다는 통보를 하고, R 사장만 단독으로 이 사업을 시작하기로 하였다. R 사장은 단독으로 사업을 계속하기 위해 각얼음 생산을 위한 시설 구축이나 전문인력 확보 및 예상 판매처인 롯데제과 본부장을 직접 만나는 등 H 대표 없이도 충분히 혼자 아무 문제 없이 각얼음을 생산할 수 있다고 자신하였다. 필자는 직원들에게 원활한 사업의 시작을 위해 네 가지를 철저하게 조사하여 보고하도록 업무지시를 하였다. 그 첫 번째가, 각얼음 생산시설에 대한 설비업체(오텍코리아 등) 담당자와의 미팅을 통해서 실제 투입되는 소요자금의 규모를 정확하게 파악해 오라고 하였고, 두 번째, 각얼음 생산을 위한 숙련공(엔지니어)의 확보 가능 여부, 세 번째, 롯데제과에 전량 납품이 확정된 것이 맞는지 확인하고, 마지막으로 자기 자금 준비에 대해서도 문제가 없고 확실하게 계좌까지도 확인하여 이상의 네 가지 조건에 문제가 없을 때 그때부터 본격적으로 각얼음 제조생산 신규 사업 진행에 대한 컨설팅 용역을 수행할 것이라고 지시하였다.

하지만, R 사장의 말과는 달리 설비업체에서는 R 사장이 필자에게 제출해준 설비 견적 금액(약 90억 원)으로는 각얼음 생산 자체가 불가능하다는 얘기였고, 다시 견적을 받은 결과 150억 원 이상이 소요된다는 것을 알게 되었다.

생산 책임자인 공장장에 대한 스카우트도 이미 얘기가 다 되었다고 하였으나 확인한 결과 이미 H 대표와의 파트너십으로 공동사업에 대한 계약이 파기되면서 일면식도 없는 R 사장이라는 사람과 무얼 믿고 지금 다니고 있는 공장을 그만두고 무작정 옮길 수 있겠느냐는 것이다. 정히 원한다면 공장을 신축하고 시설을 갖춘 후 정식으로 스카우트 제안을 해달라는 것이었다. 롯데제과 식품사업부에 각얼음 전량 납품에 대한 부분 역시 H 대표 없이 얘기될 수 있는 부분이 아니었고, 또한 매월 생산되는 각얼음 수백 톤을 롯데제과 식품사업부 영업본부장이라는 분이 100% 매입하겠다는 의향도 거짓이었다는 것이 확인되었다. 이렇듯 R 사장은 시작과 끝이 모두 거짓이었고, 그렇게 창업한다고 한들 성공이라는 목표를 감히 생각할 수도 없었겠지만, 나중에야 알게 된 내용이지만 만에 하나 혹시라도 정책자금 융자금이 승인되면 일부 개인적으로 유용해 보겠다는 속셈이 깔려 있었던 것이었다.

각얼음 생산공장이 창업 아이템으로는 현재 R 사장의 재정 상태나 경험, 지식 등 창업자가 가지고 있어야 할 가장 기초적인 조건에 부합되는 내용이 하나도 없었고, 뿐만 아니라 개인적 유용이라는 Moral Hazard적 사고를 가진 사람이었으니 절대로 성공이라는 그림자조차도 밟을 수 없었던 창업자였던 것이다. 시간이 흘러 스스로도 각얼음 제조생산 사업 아이템은 자신에게 도저히 맞지 않는 불가능한 아이템이었다는 것을 깨우치고는 또다시 바닥 클리닝(닥터플로어) 장비개발 및 이 장비를 통해 아파트, 상가 및 기타 신축공사가 계획되어 있는 곳은 이 장비를 통해서 공사를 하겠다는 새로운 사업 아이템을 가지고 또다시 필자를 찾아왔다. 곤지암에 사업체를 두고 있는

㈜abc라는 회사의 K 대표가 닥터플로어 원천 기술을 가지고 있었고, 이 특허에 대해 특허권통상실시권 계약서 체결과 3자 간 지분을 동등하게 배분하여 공동 경영한다는 계약서를 작성했다면서 가지고 온 서류들을 펼쳐 보여주는 것이었다. 마치 당장이라도 성공한 사람처럼 흥분된 말투와 모션, 더 커지고 평소보다 높은 목소리 톤으로 자랑을 늘어놓기 시작하는 것이었다.

당신이 하는 모든 일들은
보이지 않는 불빛에 의해
그림자라는 족적이 생기
기 마련~!!
보이지 않을거라는 착각
속에 살지 말아야 한다.

초기 창업 시 대표이사가 51% 이상의 경영권 지분을 확보하지 않을 경우 정부 정책자금 융자기관(보증기금 등)에서 융자를 신청하거나 할 때 가장 큰 장애(Hurdle, 허들)가 될 수가 있다는 것도 모른 채 창업할 준비가 완벽하게 되어 있다는 식으로 또다시 컨설팅 수행에 대해 요청을 하는 것이었다. 펼쳐 보여준 서류 하나하나를 체크해 보면서 우선은 3자 간 체결한 계약서는 당연히 수정되어야 하겠기에 신규 설립될 회사에 대해 대표이사가 무조건 51% 이상의 경영권을 확보할 수 있도록 조치하였다. 그렇게 또다시 R 사장의 새로운 창업 아이템은 검토가 되기 시작했다. 이전의 각얼음과는 달리 나름대로 사업성이나 준비 부분에서 훨씬 나아진 모습이었다.

결국 긍정적인 검토 하에 충주 제5 산업단지에 760평 토지매입 후 공장신축 및 시설을 갖춘다는 계획으로 충주시청에 입주신청서 제출 및 입주 승인을 받아서 충주시 J 시장님과의 MOU 체결식을 마치고, 지역신문에 대서특필이 되는 등 아주 화려하게 다시 복귀하여 이제는 정상적인 창업의 첫발을 내딛기 위한 준비가 끝나는 듯 보였다. 실행 사업계획서가 작성되고, 그 외 제반 모든 서류가 준비가 된 상태에서 은행과 기술보증기금에 시설자금 조달을 위한 상담을 하던 중 결국에 해프닝이 벌어지고 말았다. R 사장은 닥터플로어라는 바닥청소 장비의 원천기술자와 관련된 모든 사람들을 속이고, 제삼자로부터 닥터플로어 사업으로 200억 이상의 공사 수주를 받았다는 거짓 자료를 가지고 몇억 원의 투자를 받았고, 중국에서 장비 관련 박람회가 있다는 정보를 입수하여 결국 단독으로 중국을 방문하여 박람회 관람 중 닥터플로어 장비에 대한 수주를 받아오는 등 공동으로 함께 사업을 추진하기 위해 자금과 기술을 공여한 경영진들을 뒤로하고 단독으로 몰래 작업을 하고 있었던 것이다. 당연히 원천기술자와의 분쟁을 시작으로 함께 시작했던 창립 멤버들의 이탈 등 모든 것이 물거품이 되어버린 것이다.

그래도 이미 중국으로부터 수주를 받아놓은 것과 개인적으로 투자를 받아놓은 것에 대한 책임을 지기 위해 급히 이와 유사한 기술을 가지고 있는 해외(캐나다) 업체를 찾아 직접 캐나다까지 출장을 가서 Agent 계약에 대한 제안을 했고 어느 정도 긍정적인 답변을 받아 온 R 사장은 그 기술을 팔아서 다시금 단독으로라도 시작을 해보겠다는 계획을 가지고 충주에 사무실을 오픈하여 사업을 추진하였으나 절대로 원만히 추진될 일이 없으니 당연히 폐업할 수밖에 없었다. 이 이유로, 건축사무소와 특허업체, 투자자들로부터 소송을 당하게 되었으며, 현재까지도 R 사장은 해외로 도피하여 연락이 끊어진 상태이다. R 사장은 도덕성 자체를 찾아볼 수 없을 만큼 모럴해저드(Moral Hazard)적 사고를 가지고 있었던 가장 최악의 실패사례로 기억되고 있다.

3. 투자유치에만 눈이 멀어 결국 파산을 맞게 된 사례

#1
- ㈜MTiS 핸드폰 내장 필름 생산업체

2015년도 8월 즈음 지인을 통해 소개받은 매출 170억대 초반에 삼성전자(모바일 사업부) 협력업체로 제법 규모를 잘 갖추고 있다고 보여지는 기업 대표이사가 필자를 찾아왔다. 기업 CEO가 갖추어야 할 덕목을 모두 갖추고 있는 듯해 보였고, 점잖은 인격에 예의도 알고 영업에 잔뼈가 굵은 사람처럼 보였다. 사람을 대하는 태도가 능수능란한 데다가 가지고 있는 지식수준 또한 꽤 높아 보였다. 인사를 나누고 간략히 회사 소개를 해주었다. 나중에 시간 내어 따로 회사로 찾아뵙기로 하고 헤어졌다.

두 번째 만남은 인천에 소재하고 있는 J 대표이사가 직접 경영하고 있는 회사(공장)에서 만났고, 산재해 있는 휴대폰 내장 필름에 대해 설명해 주고, 두어 명의 주요 경영진들을 인사시킨 후 함께 차 한잔을 하게 되었다. "대표님, 우리 회사가 겉모습은 화려해도 안으로는 매우 힘든 상황이고 정확하게 말씀드리면 자금 유동성에 심각한 문제가 발생하여 매우 힘든 상황입니다. 급하게 자금 수혈을 받고 싶은데 가능할까요?"라고 대뜸 자금에 대한 얘기를 먼저 꺼내는 것이었다. 이 정도면 얼마나 급한 건인지 대충 알 수 있을 것 같아서 "이렇게 잘 경영하고 계시는데 무슨 급하게 자금이 필요하다고 하시는지요?"라고 답을 하였고, 앞뒤 안 따져보고 무턱대고 자금부터 이야기하는 데에는 뭔가 꺼림칙한 부분이 있어 회피하고 싶었다. 회사가 비록 삼성전자 협력업체이고, 170억 원의 매출을 하고 있을 정도로 경영을 잘하고 있는 것처럼 보일지 몰라도 그 안을 들여다보면 얼마나 엉망인지를 조금은 예상이 되기도 하였고, 두 번째 만남이라 대표이사에 대한 경영능력 등 전반적인 것에 대해 최소한의 기초정보도 없는 상태에서 자금을 논한다는 것은 성급한 접근이라 판단되어 자리를 피했다.

그렇게 두어 달이 지나고 다시 ㈜MTiS J 대표이사는 필자를 찾아왔고, 본격적으로 회사의 경영상태부터 전반적인 검토 후 경영시스템 Restructuring과 재무구조 개선, 그리고 이러한 시스템을 구축하기 위한 필요자금을 조달해 달라는 공식적인 요청을 받았다. 우선 회사가 7년 미만으로 여전히 창업이라는 범주 안으로 포함시킬 수 있다는 점에서 건전성을 검토하게 되었다. 부채비율(부채총액÷자본총액), 유동비율(유동자산÷유동부채), 영업이익률(매출÷영업이익), 그리고 금융거래확인서(원금, 이자율, 각 대출금별 상환기일 등)를 확인하였다. 정말이지 '빛 좋은 개살구'라는 말이 가장 적합한 표현일 정도로 그야말로 벼랑 끝에 몰린 최악의 경영상태(Sales Statues)였고, 무엇 때문에 이 지경까지 이르게 되었는지는 모르겠지만 자금급경색이 온 것은 맞고, 최대한 빨리 수혈해 줘야만 할 만큼 이 기업은 당장이라도 숨이 넘어갈 위기에 있음에 틀림이 없다고 판단하였다. 산소마스크를 쓰고 삶과 죽음의 경계에서 기다려야만 하는 매우 급한 상태의 기업체를 앞에 두고 필자는 정확하게 수술을 강행할 것이냐, 아니면 산소마스크를 떼고 죽음을 맞이하라고 할 것이냐 하는 선택을 해야만 하는 상황을 맞이하게 되었다. 혹시 회사에서 자금 수혈을 받을 수 있는 어떤 무엇이든 있다면 찾아내어 시도라도 해볼 생각으로 필자는 수술을 해보겠다는 선택을 하게 되었다.

우선은 회사의 유동자산과 무형자산(특허 외) 등 현금화할 수 있는 모든 것들을 다 파악하기 시작했다. 다행스럽게 특허 2개가 아직도 자금조달에 활용되지 않고 남아 있었으며 이를 이용한 IP담보대출을 시도하기로 하였다. 기술보증기금과 국민은행을 통해서 특허 가치평가를 받았고, 그렇게 평가 결과를 놓고 5.8억이라는 IP담보대출을 통해 1차적인 수혈을 해 주었다. J 대표이사도 나름대로 엔젤투자사를 찾아가 소규모 IR을 통해서 일부 투자금도 유입하여 회사는 어느새 12억 원에 가까운 수혈을 받게 되었다. 이 정도면 목마름의 해결 정도는 하지 않았을까 하는 생각으로 나름 결과에 대해 만족감을 가지고 있었다. J 대표이사는 필자를 ㈜MTiS의 신규 이사로 등재하고 주주로도 편입시켜 주겠다는 약속을 지켜주었다. 충분히 재건해 볼 수 있겠다는 희망과 열정을 가지고 회사를 관리하고자 하였던 나의 그 희망과 열정은 왠지 자꾸 헤어 나오지 못할 늪으로 빠져들어 가는 듯한 느낌이 들었지만 일단, 용역은 계속 수행하기로 하였다. 그 이유가 충분하겠다고 생각되었던 1차 수혈자금은 회사를 재건하는 데 있어 그다지 큰 도움이 되지 않는다는 것과 추가적으로 2차로 동일규모의 자금이 수혈되어야 한다는 것을 금방 알 수가 있었다.

일단, 필요한 자금에 대한 긴급 수혈을 위해 주변 관련 기업으로부터의 도움이 필요했기에 회사의 내부 사정에 대해 개요적 설명만 가지고 직접 내방하여 도움을 호소하였다. 물론, 물품거래를 위한 전자어음도 적극 활용하였다. 그렇게 하여 2차 수혈자금도 원하는 만큼 조달받을 수 있게 되었다. 이렇게 총 세 차례 수혈자금을 지원하였고 그렇게 받은 자금의 규모는 총 58억 원에 이르렀다. 감춰진 문제는 이 시점부터 불거지기 시작하였다. J 대표이사는 유입된 자금을 가지고 회사에 투입하는 것이 아니라 개인용도로 사용했다는 것이다. 횡령·배임에 대해 조금의 거리낌 없이 투자된 모든 자금을 허투루 사용했다는 것을 알게 되었다. 결과적으로 회사는 파산하기에 이르렀고, J 대표이사는 엔젤투자사로부터 사기로 고소를 당하였고, 결국 주가조작까지 연루되어 6년이라는 실형을 받게 되면서 이 프로젝트는 종결되었다.

창업회사 대표

벤처캐피탈(VC)

우리회사는 곧있으면 RG라는 회사에 대규모
납품 뿐만 아니라~~ 주거리주저리 합니다.
그러니 빨리 투자해주시오~!!

뭔가 좀 숨기는게 있는것 같고~~
어둠이 엄습해 오는듯한 이 느낌은 뭐지?

J 대표이사가 처음 창업이라는 것을 시작했을 때는 누구보다 좋은
조건에서 누구보다 우수한 기술력을 가지고 10년이 안 되어 170억에
가까운 매출로 마치 탄탄대로를 가는 듯하였으나 윤리적 타락에 의
한 지속가능경영에서 실패했다는 것이 가장 큰 이슈인 것이다. 창업
은 성공했다는 것에서 멈추거나 안주해서는 절대로 안 된다는 것이
다. 창업을 시작하고 멈출 때까지 모든 과정과 순간이 창업이라는 것
을 절대로 망각해서는 안 되는 것이다. 이 회사가 바로 좋은 예(例)가
된 것이다.

4. 기업사냥꾼(블랙엔젤)에 의해 패망을 맞게 된 실패사례

#1

- ㈜S-Material의 사례

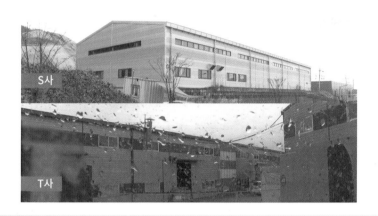

'중이 제 머리 못 깎는다'라는 말처럼 이 책을 쓰면서도 부끄럽지만 상세하게 공개되는 이 이야기는 필자가 사회생활 첫발을 내디딘 삼성 항공㈜에서부터 이곳에서 쌓은 경력과 경험을 바탕으로 시작한 창업 첫걸음에서부터 정치사건(대장동)과 연루되어 특허와 경영권 등을 모두 빼앗겨 버리는 과정까지의 이야기를 상세하게 다룬 실패사례이다.

첫 번째, 사회생활의 첫걸음

필자의 사회생활은 그 당시의 모든 취준생들도 마찬가지였겠으나 취업이라는 것이 지금과 같은 전쟁 그 자체와는 너무도 거리가 멀었다. 그다지 어렵지 않았다는 것이다. 필자가 원하는 기업이 있어 취업을 위해 대학교 졸업 마지막 학기를 두고 전공과목 교수님들과 협상(Deal)을 하였다. 필자가 원하는 취업 목표 기업은 '이동통신(지금의 SK텔레콤)'이었다. 지금은 스마트폰 시대이지만, 그 시기에는 삐삐(Pager)라는 단말기를 이용하는 시대였다. 필자가 필기에 불합격하면 한 학기를 더 수강하여 학점 이수에 문제가 없게 하겠다고 하였다. 필자는 당당히 수석으로 필기에 합격하였고, 당연히 공채로 수석 합격하여 대기업에서 일하는 엘리트의 한 사람으로 인정받을 수 있겠다 싶었다. 하지만, 면접에서 불합격 통보를 받은 후 두어 달간 방황의 시간을 보내게 되었고, 그렇게 방황의 시간을 길게 가져갈 것처럼 침체된 생활을 하고 있던 중에 지도교수님으로부터 삼성항공㈜ 공채 모집을 위한 원서가 두 장 있다고 하면서 추천해 주셨고 그 추천서로 입사 시험을 보고 삼성항공㈜에 입사하게 되었다. 삼성항공㈜ 리드프레임 사업부에서 6년여 근무한 후에 지인의 추천과 필자의 의지로 창업을 하게 되었다.

아이디어가 출원되면 전문가 그룹에 의해 평가되고 특허출원 및 사업화가 가능한지를 판단한 후, 사업화에 도움을 주는 '지식중개거래 시스템(Kpall.com)'이라는 비즈니스모델을 가지고 창업을 시작하였다(지금의 TIPs 프로그램과 유사). 2002년에는 iMBC에서 주관하는 월드컵을 겨냥한 Soccer Arcade Game 입찰에 참여하여 당당히 낙찰되기도 하였고, 문화일보 석간지 수요확장을 위한 콘텐츠 제안에서도 낙찰되기도 하였다. 창업한 회사를 뒤로하고 지인분의 추천으로 잠시 YS

제일상호저축은행 상품기획실장으로 4년을 근무한 후 창업한 회사로 다시 복귀하였다.

두 번째, ㈜WZ_Forms, ㈜S-Material의 파산까지의 과정

필자는 2004년 10월 14일 YS 제일상호저축은행 J 대표로부터 1억 원 투자를 받아서 ㈜WZ_Forms라는 법인을 설립하여 사업을 시작하였다. 주로 사업계획서 수립, 사업 타당성 분석, 각종 기획서, 스토리보드 등을 전문적으로 작성 대행해 주는 업과 12만 개 문서 서식을 유료로 다운로드 서비스를 주로 하는 업체로서 창업 전 자신이 삼성항공㈜ 기획실에서 배운 끼와 경험을 백분 발휘하면서 창업의 첫걸음을 무난하게 시작하였고, 활발하게 사업 활동을 하였다.

사업계획서 수립 대행 주요 실적으로는 K 안과 종합병원 설립을 위한 CJ 창투사로부터 200억 투자유치를 위한 투자제안서 작성, 안

산시 고잔동에 시민공원과 도심 워터파크 7층 상가건물 신축을 위한 W 건설과 H 은행으로부터 550억 원 PF를 위한 사업계획수립 외 제반서류작업, 제주도 애월읍에 소재하고 있는 BLD 애월 호텔 160억 산업은행과 농협 PF를 위한 제반 서류작업 일체, 강원도 고성 스파단지 조성 사업계획서 수립, 마산시 돝섬 관광단지 조성 사업 타당성 분석, 문화관광부와 인도네시아 코리아타운 조성을 위한 사업 타당성 분석 위탁 수행, 창동 민자역사 공개공지 상업화를 위한 사업 타당성 분석 용역수행 등 아주 활발하게 성공적인 창업과 사업을 영위해 나가고 있었다. 이러한 활발한 활동으로 인해 2005년부터 종로 YMCA 건물에 있는 한국경영교육원(KOBEI)에서 사업 타당성 실무 강사로 2년여 활동을 하기도 하였다. 진안군청 직원들 대상, 충남 보령시 기업유치팀 대상, SK E&C 엔지니어(Engineer)들을 대상으로 한 사업 타당성 분석 실무 강의 등 약 30회 정도 강의도 하였다.

2007년엔 충북 영동대학교 중심대학사업(연간 150억 프로젝트) 전략기획팀장으로 1년간 근무하기도 하였다. 중심대학사업은 국가에서 대학교로 연간 150억 원 예산을 배정해고 대학교에서는 공용장비 구입 및 스타기업 발굴, 인력양성 등의 활동을 하면서 사업계획서와 실적을 정부에 보고하는 그런 사업이었다. 필자는 이 사업의 총괄 전략기획팀장을 역임하였다. 쉬지 않고 앞만 보고 달려온 4년여간의 세월 동안 건강상 문제점으로 인하여 잠시 쉼을 갖기 위해 선택했던 영동대학교에서의 활동은 생각했던 것보다 너무 힘들고 업무 과부하(Over Load)로 인해 1년만 근무하다가 사직서를 제출하고 서울로 올라와서 논현동에 사무실을 두고 컨설팅 업무를 계속하게 되었다.

2009년 9월 12일 상호를 ㈜SLM E&C로 변경하고 개봉동으로 이사하여 교회와 사무실을 1층, 지하층 교회로 꾸며서 컨설팅 사업과 교회 봉사 일을 계속하였다. 고객의 요구사항이 사업계획서 수립이나 기획서, 제안서 수립 등에서 그치는 것이 아니라, 보증 기관을 통한 보증서 발급, 금융기관 자금조달 요건 갖추는 작업 등을 요구하면서 그때부터 본격적으로 정책자금과 정부 각 기관으로부터 쏟아지는 각가지 과제 등의 자문 업무를 시작하게 되었다. 정부정책자금을 취급하는 모든 기관들의 자금의 종류가 1만 가지가 넘다 보니 많은 공부와 경험을 쌓으면서 나름의 노하우를 터득하고 누구보다 빠르게 정책자금 시스템의 변경사항을 체크해 가면서 활발하게 자문용역을 수행해 왔다.

㈜SLM E&C에서 정책자금조달 자문용역 업무를 활발하게 하고 있는 등 나름 시장에서의 안착이 되어가는 과정에서 직원으로 일하고 있었던 P 전무이사가 故L 씨를 소개하였고, 함께 일하던 중 시간이 조금 흘러서 故L 씨는 ㈜MTiS J 대표이사를 소개하였다. J 대표이사가 직접 운영하고 있는 ㈜MTiS라는 회사에서도 운영자금이 절실했던 상황이라 이 부분에 대한 용역을 성공적으로 수행해 주면서 친밀한 관계가 되었다. J 대표이사는 필자가 '무연압전세라믹소재(분말)' 사업을 시작할 수 있게 소개해 주었고, 브라운대학교와 함께 과제비를 지급하면서 '무연압전세라믹소재'에 대한 본격적인 연구와 스터디가 시작되었고, 그렇게 서두르지 않고 차츰차츰 준비하게 되었다. ㈜MTiS는 인천에 공장을 두고 핸드폰 내장형 필름을 제조하여 삼성전자에 납품하고 있었던 삼성전자 1차 벤더社로 당시 매출이 약 170억

원 정도 했었던 것으로 기억하고 있다. 폭풍 성장을 하고 있었던 이 회사의 처절한 끝은 위 목차 중 '투자유치에만 눈이 멀어 결국 파산을 맞게 된 사례'에서 상세하게 설명하였으니 참고하면 되겠다.

경기도 화성에 소재하고 있었던 ㈜LBS라는 법인의 대표이사 변경을 통해서 필자는 이 법인의 대표이사로 취임하게 되었고, 본격적으로 관련 연구원들과 함께 이 기술에 대한 연구를 시작하게 되었다. 이미 ㈜MTiS에서 25% 정도 완성되어 있었던 기술이었다. 1년여 시간은 시료 제작과 실험, 분석에 집중하였으며, 그 결과 압전계수(d33) 값 261pC/N(당시 최곳값)을 얻기 위한 소결온도, 항전계, 소결밀도 등의 최적의 값을 찾아내었고, 또한 원소들의 조성비율(wt%)도 함께 찾아내는 등의 결과물을 얻게 되었다. 이 내용을 근거로 특허를 출원하게 되었다. 그리고 이 시료와 성적서를 가지고 제품 공급계약을 위한 검토를 하기 위해 미국 제록스와 NDA 계약을 체결하게 되었다. ㈜ SSE 연구소 연구원들과 서너 차례 미팅하면서 웨이퍼 코팅제에 대한 적용성과 기타 Market Application도 함께 확정해 나갔다.

2017년 10월 기출원 해놓은 '코어쉘 구조를 갖는 저온소성용 무연압전세라믹소재와 그 제조방법'에 대한 특허등록을 받게 되었고, 이 시점부터 사업에 대한 계속적인 연구와 본격적인 사업화를 계획하게 되었다. 회사는 식음료 사업 제조생산 및 사업 경영컨설팅 사업을 기본 사업으로 하면서 무연압전세라믹소재 제조 사업을 신규 사업으로 추진하기 위해 충분한 자금을 조달받아야 하겠기에 신용보증기금을 찾아가 상담한 후 무연압전세라믹소재 제조생산을 위한 보증서를 발급받게 되었고, 필자는 충주 제5 산업단지에 1,000평을 매입하여 공장신축을 위한 준비를 완료하였다.

세 번째, 착공 ~ DM 종합건설 공사중단 사고까지의 과정

충주공장 착공과 함께 모든 업무를 2명의 본부장에게 위임하였고, 당연히 순조롭게 잘 진행되고 있을 것이라 생각했었다. 모든 기성금 지급과 시공사와의 협의, 그리고 은행 일은 P 전무이사와 故L 씨 본부장이 책임지고 봐왔기에 필자는 보고만 받고 계속 밖에서 자금 유입 및 컨설팅 용역을 수행하면서 자기 자금 부담금을 충당해 왔었다.

일주일 동안 잠시 유럽 여행을 다녀온 후 사무실로 출근하였는데, 사무실 분위기가 이상하다 싶었더니 P 전무이사와 故L 씨 본부장은 필자와 커피숍에서 따로 할 이야기가 있다면서 미팅을 하자 하였고, 이야기 중에 '경영권 포기각서'를 써주면 명동에서 사채를 하고 계시는 김 회장이라는 사람이 20억 플러스(+) 그동안 필자가 투입한 모든 비용을 총괄해서 보상해 주겠다고 제안하는 것이었다. 너무도 배신감 느끼고 황당한 일이었지만 필자는 생각 좀 해보겠다는 말만 하고 자리를 박차고 일어나 사무실로 올라오게 되었다. 일주일이 지나면서 다시 한번 더 같은 이야기가 나오게 되었고 지금까지 필자가 투입한 모든 비용을 일체 상환해 주겠다는 내용으로 투자자인 김 회장이라는 사람과 공증을 하기로 하고 P 전무이사와 故L 씨 본부장이 원하는 대로 해주었다. 故L 씨 본부장이 투자자 김 회장으로부터 위임을 받아서 필자와 공증을 하고, 투자비용 일체를 정리해 주기로 한 것이다. 또한, 보증기금과 SH 은행에도 경영권 변경에 대한 내용, 즉 P 전무이사와 故L 씨 본부장이 투자자 권리 대행자로 회사를 끌고 나갈 것이라 통보하면서 필자는 2019년 2월부터 7월까지 ㈜S-Material에 대한 일체의 권한 없이 개인사업자 ㈜SLM E&C의 컨설팅 업무만 수행하면서 故L 씨 본부장이 상호 간 인증한 내용대로 이행하기를 기다려 왔다. 하지만, 5개월이 지나도 아무것도 이행된 것 없이 회사 경영상태만 엉망이 되어버렸고, 故L 씨 본부장을 찾아가서 김 회장이라는 사람 만나자고 하고, 이행되지 않고 손실을 입힌 이 본부장과 김 회장이라는 사채업자를 상대로 법적 조치할 것이라 통보하였다. P 전무이사와 故L 씨 본부장은 2019년 7월 30일 약속 이행 날짜가 되었음도 불구하고 이행된 것이 아무것도 없어 법적인 책임을 져야 했지만, 그것보다는 일단 회사에서 사직 처리는 하되, 회사에 계속 남아 있으면서 무급으로 공장준공까지 모든 업무를 책임지고 완수케 하였다.

문제를 일으켰던 장본인들을 냉정하게 쳐내고 새로운 인력을 충원하여 공사와 시설을 갖추게 했어야 했는데, 기존 직원들을 그대로 책임을 맡게 한 것이 문제의 시발점이 되었다. 공장은 원활하게 공사가 진행되지 못하였고, 시공사 ㈜DM 종합건설은 공사중단 및 야반도주라는 파렴치한 짓을 저지르고도 모른 채 일관해 버렸다. 필자는 공사 재개를 위해 사력을 다했고, YS 대표가 운영하고 있는 단종회사 MB 건설사를 소개받아 이전 DM 종합건설사의 하자 공사 부분에 대해 전문 감리사를 통해 전수조사를 선행한 후 자료로 남겨두고 MB 건설과 공사도급계약을 하여 공사를 시작하게 되었다. DM 종합건설의 주요 하자 내용은, 기초 토목공사도 않고 콘크리트 타설과 골조를 올린 것 외엔 아무것도 해놓지도 않고 공사중단을 해버린 것이다. 또한, 도로점용허가, 상수시설 등등 개발행위허가에 대해서 일체 아무것도 행한 것 없이 콘크리트 타설과 골조만 올리고 기성금을 가져간 파렴치한 짓을 했던 것이다. 故L 씨 본부장은 무슨 생각을 가지고 공사에 대해 책임을 지고 일을 보겠다 했는지 모르겠지만 어떻게 공사 현장을 계속 왔다 갔다 하면서 이렇게까지 되도록 아무런 보고도 안 해줬는지 지금 생각해 보면 고양이한테 생선가게를 맡겼다고밖에는 생각이 들지 않았다.

모든 기성금에 대한 처리와 공사 현장 공사 진행 등에 대한 관리는 故L 씨 본부장과 P 전무이사가 책임지고 일을 수행했는데, 이 부분에서 문제가 있지 않았나 하는 생각이 들고 토목공사도 포크레인 2대로 흙만 골랐을 뿐 어떻게 200만 원도 안 되는 토목공사와 2.7억 원밖에 안 되는 엉터리 골조만 해놓고 7억 8,000만 원의 공사비를 지급받을 수 있었는지도 도저히 이해가 안 가는 부분이었다.

내부적으로 시공사와 결탁하고 함께 공작하지 않았다면 절대로 공사금액의 부족으로 공사가 지연되다가 중단되어 버리는 일은 없었을 거라 생각되었다. 그런데, 이 시기는 이미 필자가 경영권 포기각서와 함께 인증을 해주고 ㈜S-material의 실제 경영권은 故L 씨 본부장이 위임을 받아서 처리하고 있었기에 당연히 고양이한테 생선가게를 맡긴 셈이었다고밖에는 생각이 들지 않았다.

네 번째, 공사 재개 ~ 대장동 사건의 중심에 있었던 블랙엔젤(최○향) 만남까지의 과정

충주공장은 MB 건설사에서 빠르게 공사를 시작하게 되었고, 남아 있는 공사자금 기성금도 지급해 주면서 공장이 어느 정도 완공이 되어가면서 기계시설 입고에 대한 검토가 진행되었고, 이 또한 전적으로 故L 씨 본부장이 기계업체별로 입고에 대한 체크를 하고, 입고일

자 및 1차 기성금 지급을 진행하였고, 가장 먼저 ㈜BB씨앤이에서 ① Tube Furnace(전기로), ②분극·이온 흡착기, ③전기로 이렇게 3대를 입고하였다. 이전에 장비는 일본으로부터 수입해서 입고했어야 했지만, 아베 총리의 수출규제에 의한 입고가 불투명해지면서 신용보증기금에 설비변경 신청을 하였고, 일본 설비를 국내에서 대체할 수 있는 업체를 찾던 중, 굴 껍데기를 나노로 분쇄하여 파우더 형식으로 만들어 그 입자를 가지고 제품을 만드는 기술이어서 무연압전세라믹 소재 제조방식과 비슷하다는 공통된 생각에 두세 차례 미팅을 하면서 ㈜BB씨앤이 소속의 박사들과 함께 검토하였고, 무연압전세라믹 파우더 제조 및 성분 검사를 통해 충분히 상호 시너지를 얻을 수 있다는 판단을 하였다. 나머지 기계는 공장준공 후에 입고해도 무관할 것 같아서 공장이 70% 이상 완공되었고, ADT 보안이 가능한 시점에 나머지 기계설비들도 발주하였다.

필자는 공장준공 전에 제품 공급에 대한 영업과 투자유치를 위해 울산에 소재하고 있는 ㈜COS Chemical 코스닥 상장사를 찾았고, 기술팀과 미팅을 한 후 회사에서 요청한 QA를 작성하여 송부해 주고 ㈜COS Chemical 대표이사의 최종 결정을 기다리고 있었다. ㈜COS Chemical 회사의 결정을 앞두고, 투자유치를 위해 산업은행 여의도 본점 벤처투자팀을 찾아 IR과 함께 질의응답 등 2시간가량 미팅을 하게 되었다.

이 미팅에서 ①현재 충주공장의 규모가 너무 작다. 대기업들 협력회사로 등록되려면 공장 규모가 커야 하지 않겠느냐? ②요청금액이 20억인데, 본점에서는 20억을 취급하나 200억을 취급하나 업무량은 동일하다. 가장 Merit가 크다는 MEMS 파트를 특정하여 공장도 크게 설계하고 기계시설 등을 규모 있게 해서 최소 300억 이상으로 진행해 보는 것이 어떻겠냐는 내용도 제안받았다. 이를 위해서는 우리 산업은행에 앞서 투자기관에서 먼저 선투자가 있어야만 자기들이 투자금 진행을 하여도 담당자의 페널티가 없기 때문에 우리가 취급하기 편하니 중간에 투자기관으로부터 먼저 선투자를 받은 후에 찾아와서 다시 이야기하자는 이야기로 미팅은 종결되었다. 같은 절차와 내용으로 기업은행 본점 투자처에도 소개하여서 실사를 받았고, 역시 산업은행과 같은 이야기였고 투자기관의 선투자자 후에 찾아오면 20억까지는 고려해 보겠다 하였다. 가장 시급한 건 Kill App(핵심시장)을 선정하여 구매의향서, 계약서 등의 서류를 받아내는 것이 매우 중요하다는 것도 첨언하였다. 여의도 11개 투자처를 찾아다니면서 투자설명을 하게 했었는데, 가장 적극적으로 검토했었던 곳이 바로 MS Capital이었다.

    MS Capital에서 바로 블랙엔젤 최○향을 소개받게 되었고, 그래도 가장 긍정적인 답변을 받은 곳이 바로 청담동에 소재하고 있었던 알펜루트 자산운용사였다. 결론은 아무런 소득도 없었고 이유는 시제품도 없고, 성적서나 납품에 대한 의향서라도 있어야 하는데 너무 Stage 1이라는 것에서 다들 부정적인 결과를 보내왔던 것이다. 일단, 저는 구매의향서를 받는 것이 선행되어야 일이 수월하게 풀릴 수 있겠다는 생각에 첫 번째로, 친구(㈜삼성항공 품질기획실 동기)가 기획이사로 근무하고 있는 ㈜NPS Dis社를 찾아가서 기술에 관해 설명하였고, 이 자료는 신규사업부 담당 전무이사께 보고가 되어 긍정적인 답변을 받았다. 공장준공 후에 다시 한번 더 미팅해서 국외 영업은 ㈜NPS Dis社에서 하는 것으로 고려해 보겠으니 공장준공 후 공장 실사와 함께 실질적인 이야기를 해보자고 하였다. 한참 후에야 다시금 블랙엔젤 최○향과 그 일당 두 명이 사무실을 찾아와 본격적인 투자 검토를 하겠다고 하여 이때부터 마귀의 악행이 시작되었던 것이다.

최○향을 소개해 주었던 이○성 이사와 통화하면서 최○향에 대한 간략한 소개를 받았고, 최○향은 별도의 시간을 잡고 마천동 사무실로 방문하여 필자로부터 무연압전세라믹소재 사업에 대한 설명을 들었다. 첫 만남에서는 최○향 자신을 소개하는 시간이 많았다. 최○향은 과거에 중소기업진흥공단 이사장으로도 추천받았고, 현재는 성균관 최연소 부관장으로 있으면서 상장사 인수에 대한 계획을 얘기도 하였다. 함께 자리했던 이○성 이사는 최○향을 소개하면서 강남에는 수많은 기업사냥꾼이라는 마귀들이 수도 없이 많지만 최○향, 김○훈, 신○한 이 세 사람은 기업 인수·합병 일을 주로 하는데, FM대로 일하는 몇 안 되는 전문가들이라고 소개하였다.

마귀라는 놈들은 천사의 얼굴과 천사의 말을 배워, 그 배운것을 선한 인간에게 써먹고 그들을 철저하게 짓밟았다.

최○향과의 두 번째 만남은 양재에 있는 Wine&Coffee라는 Cafe에서 이○성 이사가 함께 동석한 가운데 중국으로부터 LOI를 받아오는 얘기와 일본을 이기기 위해서는 중국밖에 없으므로 중국과 특허를 공유하면서 1,000억 정도를 받아서 법인은 홍콩이나 태국 등에 설립하여 중간에 어레인지(Arrange)한 사람들에게는 기본 수수료가 200억 원 정도 가야 하고, 나머지 300억 원은 한국에 투자, 그리고 500억 원은 다시 중국에 Joint Venture 설립 자본금으로 활용하게 될 것이라고 하면서 지분 얘기가 나왔다. 지분을 70% 이상을 가지고 중국과 중간에 일을 보는 사람들 등 배분해서 회사를 크게 키워야 한다고 얘기하였고, 이에 이○성 이사가 7년 넘도록 이 기술을 살리기 위해 쏟아온 열정과 시간과 돈 등을 생각하면 70% 이상의 지분은 말도 안된다고 하면서 지분 배분은 나중에 결정하기로 하였다.

다시 최○향과의 세 번째 만남이었던 양재 The K-Hotel에서의 일이다. 최○향은 필자를 그곳으로 불러서 투자에 대한 확정과 함께 코스닥 업체 몇 개를 소개해 주고 대장동 사건의 핵심 인물인 김○배(형님이라고 부름)로부터 받은 1,250억 원의 잔고 증명을 가지고 다니면서 상장사 인수와 함께 필자가 가지고 있는 회사 지분 70%와 특허를 넘겨주면 최소 30억 원까지 투자를 해줄 것이고, 상장사 지분도 5%를 주면서 필자의 회사를 자회사로 편입시켜서 함께 크게 성공해 보자고 하였다. 최○향은 뜬금없이 중국 들어가야 한다면서 필자가 만들어 놓은 IR자료를 들고 중국을 들어갔다. 최○향은 중국 오동나무 펀드에서 투자자들과 함께 있는데, 투자자들이 물어보는 QA를 메일로 보내왔고, 그날 바로 답변서를 작성하여 보내주었다. 최○향은 중국에 들어가서 오동나무 펀드, 피닉스 펀드 등 메이저급 세 군데 투자사를 들러서 미팅을 다 하고 왔다고 우리 기술에 대한 관심이 매우 높았다고 하였다. 중국 메이저급 펀드회사에서 LOI를 받아오면 국내 투자기관에서는 최소한 50억 원 정도는 투자해 줄 수 있다고도 하였다. 하지만, 2월 6일경 코로나가 발생하면서 중국 입국이 불가하게 되어 중국 프로젝트는 잠정 보류가 되어버렸다. 이후 최○향은 중국 투자와 한양대학교 최○ 교수를 언급하였고, 필자가 단독으로 가지고 있었던 특허를 자신에게 넘겨놓으라고 하고, 그렇게 해야만 한양대학교와 업무협정 MOU와 정부과제 수행 등을 진행하면서 회사 가치를 띄워서 투자를 받을 수 있게 된다는 등의 얘기를 하였고, 결국 최○향은 그렇게 특허를 넘겨받았고. 또한, 추가 특허도 공동으로 출원하였다. 등기이사 전부 교체가 이뤄진 후 매출도 없고 아직 준공 전이니 회사 가치는 Zero에 가깝고, 주식 70% 넘겨봐야 얼마 되지도 않는다면서 곧바로 박○웅 SJ 회계사무소에서 1주에 100원으로 주식 70%를 넘겨받는 양수도 계약서를 체결하게 하고 그렇게 일을 처리하라고 지시하였다.

나중에 박○웅 회계사는 법인이 자본잠식도 아니고, 자본금이 100% 살아 있다는 것을 확인한 후 최○향한테 증여세가 1억 원 정도 나올 수밖에 없겠다고 하자 최○향은 1,500만 원 송금해 줄 테니 이 부분을 무마할 수 있게 회계적으로 처리하라 하여 그냥 1주에 100원으로 임의 양도를 해버린 것이다. 최○향은 3억 원이라는 자금을 투자해 주었지만 주식 70%, 특허권, 경영권이 이미 다 넘어가 버린 상황에서 최○향은 더 이상의 자금 투자에 대한 필요성이 없다고 판단했는지 일체 회피하고 말도 안 되는 이유만 들면서 본격적으로 필자를 말도 안 되는 요구로 괴롭히고 압박하는 등 경영간섭의 한계를 넘을 정도로 심각해지기 시작했다.

필자가 운영했던 회사의 경영권과 특허 양수가 끝나자 ㈜T-stone이라는 회사와 ㈜NF-Tech이라는 회사를 소개하면서 이 두 회사에 각각 20억씩 투자하게 되었다는 이야기와 함께 서서히 필자의 회사를 정리해 나가기 시작했고, 결국에는 사무실 집기를 다 빼고, 오피스텔도 빼버리면서 필자는 그야말로 모든 것을 다 잃고 길거리로 쫓겨나게 되었다. 그러나, 끝까지 포기하지 않음으로 인해 필자는 KEIT(한국산업기술평가원)로부터 34억 원 소재부품기술개발사업(투자연계형)을 승인받아 최○향으로 인해 그동안 잃어버렸던 돈과 시간을 어느 정도 회복할 수 있게 되었다. 나중에 알게 되었지만 ㈜T-stone도 필자의 회사와 너무도 흡사하게 무자본 기업사냥꾼 최○향에게 회사를 다 빼앗겨 버리고 법적 다툼이 이뤄지고 있다는 것을 알게 되었다.

결론으로 요약하자면 이렇다

모든 게 필자의 잘못된 선택에 의해 결국에 투자한 많은 돈과 시간을 잃어버렸고, 그 잘못된 선택, 즉 야곱의 팥죽을 아무 생각 없이 덥석 먹어버린 것으로 인해 돌이킬 수 없는 실패의 결과를 낳게 한 것이다. 요즘 언론은 밤낮없이 SBW 그룹 회장과 대장동 사건의 그리고, 이 사건들에 가장 핵심 인물인 김ㅇ배, ㅇ욱 변호사, ㅇ남시청 관계자들로 귀가 따가울 정도로 떠드는 게 일이다.

또한, '김ㅇ배 오토바이맨'으로 잘 알려진 자금운반 담당이었던 목포 부두목 수사가 크게 확대되고 있다는 것도 잘 알고 있는 내용일 것이다. 필자의 회사 씬세루스머티리얼㈜, ㈜틴ㅇ톤 외 4개의 회사가 다 파산하게 된 이유가 바로 최ㅇ향이 김ㅇ배의 돈을 가지고 천화동인 1호라는 사모펀드를 조성 후 700억 상당의 파ㅇ텍이라는 2차전지 생산 장비를 제조하는 상장사를 인수한 후 필자의 회사처럼 첨단 기술 보유 기업체들을 대상으로 투자를 빙자하고, 상장사 인수 후 자회사 편입과 지속적인 투자 등의 유혹과 거짓 약속을 통해 결국에 소액의 투자만으로 경영권을 빼앗았다가 쓸모가 다하면 방치해 버리면 결국에 파산할 수밖에 없게 되는데, 상기 5개 회사는 다 그렇게 파산을 맞게 된 것이다. 이런 블랙엔젤들은 상장사 인수 후 첨단 기술 보유업체를 펄(Perl)로 붙여서 주가를 띄운 후 일정 기간이 지나면 상장사를 매각하거나 하여 현금화한 후 이 자금을 해외로 빼돌리겠다는 계획이었다는 것을 알게 되었다.

야곱의 팥죽은 엄청난 굶주림과 허기짐에서 오는 도저히 외면할 수 없는 상태에서 찾아온다는 것이다. 그래서 대부분이 외면하지 못하고 선택을 할 수밖에 없게 되는 것이고, 그렇게 기업은 악마들에 의해 결국 파산을 맞이하게 된다는 것을 알게 되었고 깨닫게 되었다. 이것이 필자가 가장 최근에 경험한 야곱의 팥죽을 덥석 받아먹은 실패사례의 경험이라고 부끄럽지만 장황하게 공개한 창업 실패의 한 사례이다.

참고로 첨언하자면, 기업사냥꾼들의 특성에 대해 팁(Tip)을 하나 줄까 한다.

첫째, 블랙엔젤(마귀)들은 첨단 기술 보유업체나 상장사에 펄(Perl)을 붙여 주가를 띄우기 좋은 업체 발굴에 자기들만의 안테나를 곤두세우고 먹잇감을 찾아다니는 승냥이처럼 그렇게 이곳저곳을 배회하고 다닌다. 미끼를 물었다 싶으면 엄청난 호조건 등을 제시하고, 자신이 정치, 경제 및 사회 전반에 걸쳐 유명 인사라는 것과 특히 정치인들과 함께 찍은 과거 사진들을 보여주면서 자신이 대단한 사람이라는 것을 먼저 주입시킨다. 이들은 마치 천사처럼 간이고 쓸개고 다 내어 줄 것처럼 접근한다. 이렇게 호의적으로 모든 걸 다 줄 것처럼 말을 하는 투자자들은 무조건 의심하라. 세상에 공짜 없고, 이유 없이 투자하는 것 절대 없다는 것만 명심하면 된다.

둘째, 투자를 빙자한 계약금이라며 초기에 최소의 금액만 투자한다. 그다음 완전히 자신들을 믿게 한 후 주식의 70% 이상 양수도를 명분 있게 제안하고, 곧바로 투자가 이뤄질 것처럼 꼬드긴다. 하지만, 이런 짓거리들은 전부 늑대가 먹잇감을 앞에 두고 하는 가식적인 행위라 보면 된다. 주식을 넘겨받았다고 하면 그다음이 바로 회사에 보유하고 있는 특허기술의 이전까지 요구하게 된다. 이런 형태로 접근해 오면 가장 좋은 방법은 아예 상대하지 말고 그 자리를 피해버리는 것이다. 어떠한 엮임도 없어야 한다.

셋째, 주변 VC 또는 엔젤투자자들을 폭넓게 소개하면서 기술 검증을 간접적으로 받는다. 투자기관들의 까다로운 질문과 심사, 평가를 통해 검증을 받게 되면 곧바로 본격적인 마귀의 파렴치한 행동이 빠르게 진행이 된다. 중국으로부터 투자에 대한 부분, 주요 굵직한 회사들로부터의 투자 등의 화려한 언변술과 화려한 네트워크를 자랑하는 등의 자기 자랑이 폭포수처럼 쏟아지면 즉시 그 자리를 떠나야 한다. 무조건 기업사냥꾼이라고 보면 100% 맞다.

평생을 일궈놓은 논과 밭을 한순간에 사기꾼을 만나서 이유 없이 남의 손에 다 넘기게 된다면 얼마나 원통하고 분노하겠는가? 필자의 경험담을 담은 이 사건을 통해 느끼고 깨달을 수 있는 것은 바로 사람 만나는 것을 절대적으로 주의하라는 것이다. 필자가 창업을 꿈꾸고 있는 분들에게 드릴 수 있는 신신당부하고 싶은 말이다.

성공사례

1. 포기하지 않고 끝까지 험난한 시장 장벽을 뚫고 결국에 원하는 목적지에 안착한 사례

2. 급하게 서두르지 않고 단계별로 성장해 온 성공사례

3. 웹툰이라는 레드오션 시장에서 차별성으로 살아남은 스타트업

1. 포기하지 않고 끝까지 험난한 시장 장벽을 뚫고 결국에 원하는 목적지에 안착한 사례

– ㈜ NM Food

남양주에 소재하고 있는 건강보조식품 제조생산 업체이다. 창업자는 J라는 사장이었고, 건강보조식품이나 제조업에 대해서는 아무런 지식이나 경험, 경력이 전무한 사람으로 창업이라고 하기에는 무모하다 싶을 정도로 매우 위험해 보였다. 하지만, 내 생각이 틀렸다. 필자도 사람인지라 판단에 오류가 있는 건 당연하겠지만 이 회사는 정말 기적이라고 말하고 싶을 정도다. 펜션을 운영하면서 우연히 접한 꾸지뽕(『본초강목』에서는 4대 약초로 소개하고 있음)을 가지고 건강보조식품을 만들겠다는 생각을 한 것이다. 어떤 게 우선이고 나중인지 전혀 알지 못하는 어려움으로 인해 우선은 전문가들을 줄기차게 찾아다니면 발품 팔아서 꾸지뽕에 대한 효능을 검증받기 시작했다. 경희대학교를 통해서, SA 제약을 통해서 시험성적서를 받아 꾸지뽕이 가지고 있는 효능을 확인하고, 이 꾸지뽕으로 어떤 제품을 만들 것인가를 고민하고 잠도 안 자고 발로 뛰고 하여 결국 또 하나 알아낸 것이 있었다. 진도산 꾸지뽕나무는 해풍을 맞으며 기본 30년 이상 된 나무로서 나무(줄기) 가운데 황금심이 생기는데, 이 부분의 재료를 추출해서 성분을 검사해 본 결과 일반 꾸지뽕나무보다 월등한 성분이 검출된다는 것을 확인하였다. 항염증, 항암, 면역력에 탁월하다는 것을 알게 되었고, 열매는 여자들 다이어트에 탁월하다는 것을 알게 되었다.

　이렇게 3년간을 지치지 않고 발품 팔아가면서 개발해 놓은 제품이 S빙 황금꾸지뽕 차(茶), 진액, 농축액, 환 이렇게 4가지 제품이다. 쉽게 부패되지도 않고 유통기간이 기존 물보다 훨씬 길어서 유통업체도 좋아하고 실제 효능을 본 사람도 많아서 이 사업에 대한 열정이 하늘을 찌르고도 남을 정도로 역시나 쉼 없이 밤낮 열정을 불태웠다.

그렇게 3년이 지난 지금 국내 빙수로는 최대규모의 S빙 이라는 프랜차이즈 업체와 공급계약을 체결했을 뿐 아니라 제품에 S빙 이라는 브랜드까지 마킹해서 사용할 수 있게 됨으로써 앞으로 이대로만 계속한다면 반드시 천호식품처럼 '남자한테 진짜 좋은데~~'라는 말이 현실이 될 것이라 확신한다.

NM Food J 사장은 건강보조식품이라는 제조업에 대해 전무한 지식과 경험에도 불구하고 이를 극복하기 위해 하나에서부터 열까지 직접 발로 뜀으로서 가지고 있었던 마이너스를 플러스로 승화시킨 것이다. 노력 앞에 천재도 무릎을 꿇는다 하지 않았던가? 부족하면 전문가를 찾아 도움을 청해서 결국 일을 성사시켰고, 애매하다 싶으면 절대 직진하지 않고 꼼꼼히 따져서 올바른 길을 선택했으며, 부족한 자금 또한 전문가의 도움을 받아서 정책자금과 지원자금을 도움받아 결국에 그 험난했던 세월들을 다 견디고 이겨내어 누구라도 지치고 엎어졌을 악조건을 가지고 있었음에도 성공으로 이끌어 낸 정말 대단한 창업회사라고 감히 소개한다.

창업자의 자질에서 과거의 경험과 지식의 함량을 평가하여 창업 여부를 결정해 주는데, 이 지표가 아무 의미가 없을 정도로 결국에 정직과 끈기와 인내, 그리고 적절한 인적네트워크의 활용 등으로 성공적인 창업을 이루어 낸 것이다. 창업자의 정신, 즉 라텔정신의 대표적인 예(例)라고 할 수 있다.

2. 급하게 서두르지 않고 단계별로 성장해 온 성공사례

– DS Steel

인천에는 재활용업체들이 밀집해 있는 곳이 있다. 이곳에 가면 정말 많은 폐품, 폐자재, 등 없는 게 없을 정도로 만물시장이 펼쳐져 있는 듯 눈 돌리기 바쁘다. 이곳 업체들 중 한 업체를 컨설팅하게 되었는데 이 업체는 폐금속(니켈, 알루미늄, 철) 등을 철거공장이나 건물 등에서 수거해 와서 작업자가 앉아서 하나하나 이물질을 떼어낸 다음 분리하여 다시 재생공장으로 실어 보내는 일을 하고 있던 회사였다.

필자가 방문했을 때 이 회사가 성장하고 무언가 지금의 규모에서 성장 가도를 달릴 수 있는 방법이 무엇이 있을까 하고 고민하던 중, 우선은 연구전담 부서라도 만들어서 지금의 비효율적인 작업(공정)

에 대한 개선부터 하는 것이 좋겠다 싶어 이 분야에 대한 경력이 5년 이상 된 사람들 위주로 별도의 공간을 만들어 연구전담 부서를 만들었다. 연구전담 부서가 개설된 후 전문인력 2명과 함께 어떻게 하면 효율적인 작업을 할 수 있을까 하는 고민 끝에 일반 철(Fe)은 상관없겠으나 니켈(Ni)이나 알루미늄(Al)은 다른 불순물 붙어 있으면 녹는점(Melting Point)이 달라 100% 순도의 니켈이나 알루미늄이 재생되지 않아 문제가 생긴다는 것을 알게 되었고, 이를 예방하기 위해 폐금속을 들여올 때부터 초음파 검사 시스템을 도입하기로 하였다. 하여 앞단에 검사 시스템을 구축하고 컨베이어에 통과되면서 이물질이 붙어 있는 금속과 순수한 금속을 구별하여 효율을 상당히 높일 수 있도록 하였다. 이로 인해 이 회사는 벤처인증과 함께 보조금, 필요한 운전자금 등을 쉽게 조달받아 기업을 잘 운영하고 있다.

이 창업자는 전문지식과 경력 등을 가지고 절대 자만하지 않고 외부 전문가의 조력을 철저히 받으면서 쉬엄쉬엄 단계별로 성장할 수 있는 인자(Factor)를 쌓아간 것이다. 그렇게 자만하지 않고 쌓은 계단들에 의해 결국에 꼭짓점에 다다를 수 있었던 성공적인 창업의 좋은 사례라 하겠다.

3. 웹툰이라는 레드오션 시장에서
차별성으로 살아남은 스타트업

– 낚시 제조업체

도저히 이 사업을 한다고 하기에는 스타일 자체가 강남에서나 볼 수 있는 패션에 골프가 생활화되어 있을 정도의 그런 중상층의 사모님 정도로 보였다고 하면 정확한 표현일 것 같다. 느닷없이 필자를 찾아와 기존 낚싯대와 차별점과 특장점을 입이 아프게 설명하더니 무조건 도와달라고 하는 것이다. 낚싯대는 종류별로 다 만들어져 있었고, 제품명도 포세이돈 등 그리스 신화에서 나오는 신들의 이름을 따서 지어놓고 그렇게 마크도 만들어서 붙여놓는 등 나름은 꽤나 신경을 써서 만들어 놓은 것 같았다. 제품은 기존 것과의 차별성이라는 것이 매우 강력한 탄력성과 내구성 및 무엇보다도 가격에서 저렴하다는 것이었다. 창업회사가 기존 시장을 무너뜨리고 성공적인 침투를 위해서 필요한 조건을 잘 갖추고 있었던 것이다. 대표이사의 열정도 한몫했던 것도 사실이다. 결국에 이 회사의 제품, 낚싯대는 유명 프로그램 「도시어부」에 협찬까지 하게 되면서 유명세를 타기 시작했다. 잘 알겠지만 유명 드라마에 PPL로 광고된 제품들은 하나같이 크게 성공하게 된 사례들이 많았기에 충분히 성공가도를 달릴 수 있을 것으로 생각되었다.

제품은 실제 타제품과 비교 실험(내구성과 탄력성), 그 외에 낚시 전문가들을 대상으로 가장 선호하는 낚싯대의 기능 등을 철저히 조사하여 이를 제품에 반영함으로써 낚시 전문가들에서 인기 제품으로 알려지게 되는 등 정말 부부가 영업과 제품개발에 탁월성을 가지고 경영을 잘해나가고 있었다. 창업의 표본을 보는 듯했다. 결국 벤처인증과 발명, 브랜드 등의 상을 휩쓸면서 어느 정도 시장안착과 함께 성숙기에 접어들 준비를 하고 있는 것 같았다. 이 창업회사의 장점은 시장조사 중 경쟁사 제품에 대한 철저한 조사와 비교 우위를 위한 제품개발, 그리고 수요자의 선호도 조사 등 철저하고 면밀한 시장조사로 인해 성공한 창업회사라고 봐도 과언이 아닐 것이다. 앞서 「더블타겟」이라는 영화에서 주인공 스웨거를 빗댄 시장조사에 대해 어떻게 해야 한다는 언급된 내용에 100% 부합된 성공적인 창업회사라 할 수 있겠다.

맺음말

　필자가 이 책을 쓰게 된 이유는 여러 가지가 있지만 무분별하게 아이디어와 열정만으로 세상을 다 얻을 것처럼 덤벼드는 무모하기 짝이 없는 예비창업자들이 여전히 많다는 것과 팔꿈치와 무릎에 상처 하나 없이 고지를 점령할 수 있을 것이라는 자신감과 이를 뒷받침이라도 하고 있는 자신의 기술을 너무 신뢰한 나머지 한 발도 내딛지 못하고 주저앉아 버리는 수많은 창업자들을 보면서 안타까운 마음과 한 템포 쉬어가는 창업도 결코 늦은 게 아니라 오히려 더 빠를 수 있다는 것을 알려주기 위함이다.

　과거 필자의 벗이 대기업에 종사하면서 미래를 위한 준비로 여유자금을 가지고 온라인 음원 서비스를 계획하고 있고 추진해 보고 싶다고 문의를 해온 적이 있다. 두말도 하지 않고 "네가 그 돈으로 창업을 한다고 할 경우 잠도 안 자고 도시락 싸 들고 다니면서 막을 것이다."라고 답을 한 적이 있다. 벗 한 사람의 예(例)가 아니다. 아직도 많은 사람들이 준비 없이 열정과 자신감, 그리고 내가 하면 꼭 될 것 같다는 자기 암시와 주술에 걸려서 창업을 하는 경우가 많다는 것이다. 이런 사람들은 창업 후 쓰디쓴 맛을 봐야만 뒤늦게 후회하는 아주 모범적 실패 사례로 남을 수도 있다는 것을 잊지 말아야 한다. 창업은 허가를 득해야 하거나 허락을 받으면서 하는 게 아니라 자신의 의지에 따라 할 수 있다. 하지만, 그 책임과 대가는 엄청나게 고통스럽다는 것이다. 다시 말하면 창업은 누구나 할 수 있겠으나 아무나 성공할 수 없다는 것이다. 쉽게 들어갔다 피눈물을 쏟으며 졸업해야 하는 것이 바로 창업이라 할 수 있다. 너무 어렵다고 피하지 말고 너무 쉽다고 함부로 덤비지 말며 쉽다고 생각될 때 신중을 기하고 어렵다고 생각될 때 라렐(Ratel)의 도전정신을 발휘하여 도전해 보는 것을 추천한다.

창업자의 자질과 자본과 인적네트워크, 그리고 시장 트렌드 등 모든 것이 다 갖춰졌는데도 스스로의 자신감 부족으로 도전을 미루고 회피하는 것도 잘못이고, 준비도 안 된 상태에서 막무가내로 덤비는 무모한 창업자들도 잘못되었다는 것이다. 창업은 앞에서 언급된 내용처럼 철저한 준비와 조사 분석 등을 통해 스스로 충분히 준비가 되어 있다고 판단되면 그때 하는 것이고, 이조차도 부족하다고 생각되면 전문가의 조력을 받아서 함께 안정적으로 스타트하는 것도 추천하는 바이다.

우스갯소리로, 한국 사람과 미국 사람과 중국 사람이 각각 1억을 가지고 창업을 준비한다고 할 경우, 미국 사람은 1,000만 원을 들여 시장조사(Feasibility Study)를 한다고 한다. 그다음 중국 사람은 땅에 돈을 파묻어두고 때가 될 때까지 기다린다고 한다. 하지만, 한국 사람은 1억을 주면 10억짜리 사업을 한다고 한다. 어느 나라 창업자가 가장 현명하다고 생각되는가? 당연히 미국 사람을 선택할 것이다. 미국인 창업자는 1,000만 원을 까먹은 게 아니라 9,000만 원을 번 것이나 다름없는 것이고, 한국인 창업자는 결국에 10억의 빚을 지게 되는 어리석음을 깨닫게 되는 것이다.

　창업은 어릴 때 소꿉장난과 같은 추억거리가 될 수 없다. 잘못되면 피눈물을 쏟아야 하는, 꽤 큰 고통을 감내해야 하는 것이 창업이다. 쉽게 생각하지 말고 철저한 준비 속에 계속되는 진단과 평가, 그리고 시장 흐름을 주시하여 때를 맞춰서 터트려야 한다. 이 책이 예비창업자들에게 그런 책이 되었으면 좋겠다. 준비는 되었으나 자신감이 없는 창업자들에게는 도전정신을 심어주고, 준비가 덜 된 창업자들에게 한 템포 쉼을 주어 다시 한번 자신을 되돌아보고 진단하고 평가하여 때를 기다릴 줄 아는 지혜를 줄 수 있으면 좋겠다는 취지로 쓰게 된 것이다.

　많은 도움이 되기를 바라면서 이 책을 쓰는 데 있어 공동으로 제작에 참여해 주신 전북대학교 산업정보시스템공학과(겸. 융합기술경영학과 학과장) 배준수 교수님께 깊은 감사를 전합니다. 그리고 이 책이 완성되어 출판되기까지 많은 성공사례나 실패사례들이 되어준 창업자분들께 감사를 전합니다.

2023.07.26

Technology Part Representative of TBW Holdings

Technology part CEO

윤성준(Yun, Seongjun)

창업의 정석

초판 1쇄 발행 2023. 10. 13.

지은이 윤성준, 배준수
펴낸이 김병호
펴낸곳 주식회사 바른북스

편집진행 황금주
디자인 김민지

등록 2019년 4월 3일 제2019-000040호
주소 서울시 성동구 연무장5길 9-16, 301호 (성수동2가, 블루스톤타워)
대표전화 070-7857-9719 | **경영지원** 02-3409-9719 | **팩스** 070-7610-9820

•바른북스는 여러분의 다양한 아이디어와 원고 투고를 설레는 마음으로 기다리고 있습니다.

이메일 barunbooks21@naver.com | **원고투고** barunbooks21@naver.com
홈페이지 www.barunbooks.com | **공식 블로그** blog.naver.com/barunbooks7
공식 포스트 post.naver.com/barunbooks7 | **페이스북** facebook.com/barunbooks7

ⓒ 윤성준, 배준수, 2023
ISBN 979-11-93341-59-9 03320